本书获山西省"1331"提质增效工程山西财经大学资源型经济转型协同创新中心建设项目（晋教科[2021]4号）、国家社会科学基金项目"新使命驱动下黄河流域创新生态系统的绿色转向与协同演化研究"（20BJY040）资助

区域创新生态系统与全要素生产率

裴耀琳 著

中国社会科学出版社

图书在版编目（CIP）数据

区域创新生态系统与全要素生产率 / 裴耀琳著 . —北京：中国社会科学出版社，2022.7
ISBN 978-7-5227-0637-5

Ⅰ.①区… Ⅱ.①裴… Ⅲ.①技术革新—影响—全要素生产率—研究 Ⅳ.①F014.2

中国版本图书馆 CIP 数据核字（2022）第 137008 号

出 版 人	赵剑英
责任编辑	戴玉龙
责任校对	杨新安
责任印制	王 超
出 版	中国社会科学出版社
社 址	北京鼓楼西大街甲 158 号
邮 编	100720
网 址	http://www.csspw.cn
发 行 部	010-84083685
门 市 部	010-84029450
经 销	新华书店及其他书店
印 刷	北京明恒达印务有限公司
装 订	廊坊市广阳区广增装订厂
版 次	2022 年 7 月第 1 版
印 次	2022 年 7 月第 1 次印刷
开 本	710×1000 1/16
印 张	11.75
插 页	2
字 数	165 千字
定 价	98.00 元

凡购买中国社会科学出版社图书，如有质量问题请与本社营销中心联系调换
电话：010-84083683
版权所有 侵权必究

前　言

创新是驱动经济发展的重要动力，对促进全要素生产率提升具有积极作用。地区实现创新驱动有赖于区域创新生态系统的构筑与优化，要求在地区形成一个要素关联、多重互动、协同发展的复杂适应系统。在实践中，坚持需求导向和问题导向的创新有助于提升自主创新能力、破解"卡脖子"难题等，这对构建创新供需两侧良性互动、协同发展的区域创新生态系统形成了客观要求。越来越多的学者开始关注到创新生态系统对经济发展、创新绩效等的作用，也有学者关注到产业、企业层面的创新生态系统供需协同及其与全要素生产率之间的关系，但在区域层面深入探讨创新生态系统供需协同及其对全要素生产率影响的研究仍较为缺乏。在实践中，区域是链接宏观与微观的重要层面，研究区域创新生态系统供需协同如何促进全要素生产率提升，具有重要的理论与现实意义。

本书以创新系统理论、"五螺旋"创新驱动范式、马克思主义的供给需求理论等相关理论为基础，采用逻辑推演、耦合协同度模型、面板数据模型等多种方法，以"区域创新生态系统供需协同对全要素生产率影响及作用机制"为核心问题，在深入剖析区域创新生态系统供需协同的基础上，系统研究了区域创新生态系统供需协同对全要素生产率的影响机制，并进一步分析了区域创新生态系统供需协同影响全要素生产率的调节因素。主要研究工作及结果如下：

（1）构建了区域创新生态系统供需协同概念框架及供需协同指数。基于区域创新生态系统要素及其功能特点，构建了包括创新需求子系统和创新供给子系统层次、要素层次的双层供需协同框架，并从要素关联、系统协同角度指出该系统供需协同包括创新需求子系统与创新供给子系统之间的供需协同，以及创新供给子系统中产学研供需协同两组关键协同关系。在此基础上，进一步构建区域创新生态系统供需协同指数，并测度了中国 30 个省级行政区（港澳台与西藏自治区除外，下同）2009—2018 年系统供需协同指数，发现各省份创新生态系统供需协同水平仍有较大提升空间，供需两侧普遍呈非协同演化态势。

（2）揭示了区域创新生态系统供需协同对全要素生产率的影响机制。以区域创新生态系统供需协同所涉及的两组关键协同关系为基础，一方面分析了区域创新生态系统供需协同对全要素生产率的直接影响机制，另一方面，以技术进步、产业结构调整及创新要素配置作为传导中介，揭示了区域创新生态系统供需协同对全要素生产率的间接影响机制，为研究区域创新生态系统供需协同与全要素生产率的关系奠定了理论基础。

（3）实证检验了中国区域创新生态系统供需协同对全要素生产率的直接影响和间接影响。从直接影响看，发现区域创新生态系统供需协同对促进全要素生产率提升具有积极作用，但在不同地理区位、不同资源依赖水平的地区及不同全要素生产率水平的地区，二者间作用效果表现出地区异质性。从间接影响看，研究期内，区域创新生态系统供需协同能通过技术进步和产业结构调整促进全要素生产率提升，在优化创新要素配置方面，仅能通过优化创新人才配置促进全要素生产率提升，不能通过优化创新资本配置促进全要素生产率提升。

（4）分析了区域创新生态系统供需协同促进全要素生产率提升的调节因素。通过明确创新供需两侧关注重点，选择不同创新途径（自主研发和技术引进）、不同研究类型（基础研究和应用研究）及不同产业发展（制造业和生产性服务业）三方面，在分析它们在区域创新生态系统供需协同影响全要素生产率的调节作用基础上，构建可调节的中介效应模型进行检验。结果发现，不同创新途径中自主研发可以使区域创新生态系统供需协同对促进全要素生产率提升的直接影响得到增强，不同研究类型中基础研究和应用研究都能使区域创新生态系统供需协同对全要素生产率的直接促进作用得到强化，不同产业发展上仅生产性服务业发展能使区域创新生态系统供需协同促进全要素生产率提升的直接作用被增强。另外，不同创新途径、研究类型及产业发展在区域创新生态系统供需协同对三条作用路径的影响上也具有一定的优化作用，从而也有助于促进全要素生产率提升。

本书主要创新之处有：将区域创新生态系统划分为区域创新需求子系统和区域创新供给子系统，并基于要素关联、协同明确各子系统的主要内容，为研究区域创新生态系统构成提供了一个新视角；分析了区域创新生态系统供需协同对全要素生产率的直接影响机制和间接影响机制，弥补了缺少对区域创新生态系统与全要素生产率关系研究的不足；采用中国30个省级行政区面板数据，从全国整体及异质性地区两个维度，验证了区域创新生态系统供需协同与全要素生产率之间的关系。

目　录

第一章　绪论 ·· 1
　　第一节　研究背景与研究意义 ·· 1
　　第二节　主要研究内容 ··· 8
　　第三节　研究方法与技术路线 ·· 11
　　第四节　主要创新点 ·· 14

第二章　理论基础与文献综述 ·· 17
　　第一节　理论基础 ·· 17
　　第二节　文献综述 ·· 26
　　第三节　本章小结 ·· 39

第三章　区域创新生态系统供需协同概念框架与实证测度 ········ 40
　　第一节　区域创新生态系统概念界定及特征分析 ············· 40
　　第二节　区域创新生态系统供需协同概念框架构建 ········· 44
　　第三节　区域创新生态系统供需协同指数构建逻辑
　　　　　　及指标选取 ··· 57
　　第四节　中国 30 个省份创新生态系统供需协同指数
　　　　　　评价 ·· 61
　　第五节　本章小结 ·· 76

第四章　区域创新生态系统供需协同对全要素生产率的
　　　　影响机制 ·· 78

　　第一节　特征事实分析 ·· 78
　　第二节　区域创新生态系统供需协同对全要素生产率的
　　　　　　直接影响机制 ·· 83
　　第三节　区域创新生态系统供需协同对全要素生产率的
　　　　　　间接影响机制 ·· 85
　　第四节　本章小结 ··· 89

第五章　区域创新生态系统供需协同影响全要素生产率的
　　　　实证研究 ·· 90

　　第一节　区域创新生态系统供需协同对全要素生产率的
　　　　　　直接影响 ·· 90
　　第二节　区域创新生态系统供需协同影响全要素生产率的
　　　　　　异质性分析 ··· 102
　　第三节　区域创新生态系统供需协同对全要素生产率的
　　　　　　间接影响 ·· 110
　　第四节　本章小结 ··· 120

第六章　区域创新生态系统供需协同影响全要素生产率的
　　　　调节因素研究 ··· 125

　　第一节　区域创新生态系统供需两侧的关注重点 ········· 125
　　第二节　调节因素作用理论分析 ···························· 127
　　第三节　模型构建与数据说明 ······························· 130
　　第四节　回归结果及分析 ···································· 132
　　第五节　本章小结 ··· 144

第七章 研究结论、建议与展望 …………………………………… 146

第一节 研究结论 …………………………………………… 146

第二节 政策启示 …………………………………………… 149

第三节 不足与展望 ………………………………………… 154

参考文献 ……………………………………………………………… 156

第一章　绪论

第一节　研究背景与研究意义

一　研究背景

（一）现实背景

改革开放以来，中国经济成就了世界瞩目的"中国经济奇迹"。这一成就一方面得益于自然资源、低成本劳动力等生产要素的大量投入（马洪福、郝寿义，2018），另一方面也与市场化进程的持续推进改善了资源配置效率，使全要素生产率不断提高有关（樊纲等，2011）。党的十九大报告作出"我国经济已由高速增长阶段转向高质量发展阶段"的重大判断，并提出"以供给侧结构性改革为主线，推动经济发展质量变革、效率变革、动力变革，提高全要素生产率"，其中，提高全要素生产率是经济高质量发展的动力源泉（蔡昉，2018）。2020年，在国内外多重压力下，中国国内生产总值仍达到101.60万亿元，并在全年保持了2.3%的增速[①]，充分显示出经济增长所具有的强劲韧性。但是，有研究表明，2008年全球金融危机以来，全要素生产率增长呈现出持续下降态势（彭绪庶，2019），并导致了其对经济增长的贡献也不断下降（叶祥松、刘敬，

[①] 根据国家统计局公布的《中华人民共和国2020年国民经济和社会发展统计公报》整理。

2018），甚至还有研究预测全要素生产率增速在2021—2025年仍会继续下调，同时指出这将成为潜在经济增长率下降的重要原因（王满仓、吴登凯，2021）。全要素生产率增长滞缓的现状可能对未来中国经济高质量发展带来巨大的挑战。因此，在当前关注和研究如何促进全要素生产率提升，对中国经济保持持续增长具有重要的现实意义。

在现阶段，全要素生产率的持续提升有赖于要素、投资驱动为主的发展向以创新驱动为主的发展转变。新常态下，创新驱动可以体现在创新生态系统的建筑与完善上（刘雪芹、张贵，2016）。21世纪以来，创新对经济社会发展的作用日益显现，逐渐成为一国或地区在持续发展和变化的环境中重塑和提升自身竞争优势的关键（Dess、Picken，2001）。随着创新实践的不断推进及相关理论研究的不断深入，创新范式已进入到创新生态系统阶段（Manuel等，2008）。拥有一个具有强劲生命力的创新生态系统，对于应对日益复杂的竞争具有重要的意义。由于创新活动需要落实在一定的空间范围内（Asheim，2005），要在不同的地区情境中体现不同的诉求、范式和侧重点（刘钒、吴晓烨，2017），因而在经济实践和创新实践中，需要重点关注区域创新生态系统的建立、发展与优化。同时，虽然创新生态系统的整体效能与其各要素数量、规模等密切相关，但更取决于系统内要素间是否存在连续、多重互动（郭传杰，2020），且创新生态系统构成要素间的互补与依赖关系使得系统协同效应的发挥还对促进可持续发展具有积极作用（Elias等，2012）。这表明区域创新生态系统建设与优化应持续关注系统内构成要素的协同共生，高度协同的系统有助于提升系统整体效能。正如Ander（2006）所认为的，创新生态系统是一种协同机制。因此，建立具有地区根植性的区域创新生态系统，并审视其内部各组成部分协同运行状态如何、不足之处为何，对维持区域创新生态系统良性运转、促进系统整体效能提升等都具有积极意义。

就中国来讲，当前正处在由要素驱动、投资驱动转向创新驱动的重要阶段，创新已成为中国促进经济、社会发展的关键驱动力，是实现动力变革的关键（郭淑芬等，2019），亦是中国经济高质量发展的基础和立足点。党的十九大报告明确强调了"创新是引领发展的第一动力"，同时作出加快创新型国家建设的战略部署。但党的十九届五中全会仍然指出，国内目前还存在创新能力不适应高质量发展要求的关键问题。这在一定程度上不利于国家抓住全球新一轮科技革命和产业革命深入发展所带来的难得机遇，从而加大了应对当前复杂变化的发展环境的难度。因此，会议同时提出要"坚持创新在我国现代化建设全局中的核心地位"，这意味着创新已被视作是推动发展最重要的变量。但目前，中国 R&D 投入上的持续增长与全要素生产率增速放缓已然形成鲜明对比，即在 R&D 投入上表现出了"索洛悖论"，这严重制约了中国经济的高质量发展（易名、吴婷，2021）。

科技发展要坚持问题导向、目标导向。现阶段，世界正经历百年未有之大变局，新一轮科技革命和产业革命正在深入发展。特别是在全球各国相继暴发新冠肺炎疫情后，百年未有之大变局的演进过程及演进方向都受到了深刻的冲击与影响，在此背景下，需求导向和问题导向的创新更有利于聚焦重难点领域，这不仅对增强自主创新能力、破解"卡脖子"难题有重要现实意义，还有助于优化科技资源配置（蔺洁、陈凯华，2020），这能为促进全要素生产率提升带来积极的影响（王文、牛泽东，2019）。因此，当前，在地区围绕创新的需求导向和问题导向采取一种有意义的创新（陈劲等，2019），更有助于地区实现高质量发展。这就对构建一个供需两侧良性互动、协同发展的区域创新生态系统形成了客观要求，是现阶段发展亟待解决的重要理论与实践问题。

（二）理论背景

通过对现有研究文献的学习与梳理，发现国内外学者围绕区域创新生态系统与全要素生产率已经分别进行了较为深入的研究。现有研究表明，区域创新生态系统对促进技术进步、结构调整以及资源整合与共生具有积极作用（李万等，2014；王小洁，2019），全要素生产率的主要来源及提升路径也主要包括技术效应、结构效应和优化要素配置等，因而从理论上来看，区域创新生态系统与全要素生产率之间可能具有一定的关系。同时，也已有研究注意到了工业企业层面的创新生态系统与全要素生产率之间的关系，发现创新生态系统对全要素生产率具有显著的促进作用（陈万明、王圣元，2018），那么区域层面的创新生态系统与全要素生产率是否也具有这种关系？其次，对于区域创新生态系统的研究，多以定性分析为主，定量分析相对较少，且多数定量分析集中在对系统内各类要素数量的关注上，对系统内要素关系的考察较为有限，但区域创新生态系统作为一个类生态系统，不能被简单地看作是要素的加总，必须转向对系统内各类要素间关系的重视。最后，已有研究从产业层面分析了创新生态系统供需协同，关注到产业内外的需求拉动与供给推动之间的协同关系，并构建了理论模型加以阐释（李维梁、高雅，2016），但该研究侧重于短期供需关系，忽略了产业创新需求的长期性，与本书所考虑的供需关系有本质差别，且区域层面的创新生态系统供需协同的本质及相关内容还有待进行深入探讨与挖掘。

综上所述，在众多现实背景与理论背景的共同引导下，可以引发出对一系列问题的思考：区域层面创新生态系统供需协同是怎样的？区域创新生态系统供需协同水平应如何去衡量？区域创新生态系统供需协同是否能对促进全要素生产率提升产生积极影响？进一步地，二者间作用路径如何？作用关系又受到哪些因素影响？等等。但现有研究还未对这些问题进行细致系统的分析。鉴于此，本书以"区域创新生态系统供需协同如何影响全要素生产率"为核心问题，在深入研究区域创新生态系统供需协同的基础上，进一步分析区域创新生态系统供需协同对全要素生产率的影响机制等内容。厘清这些问题的答案不仅能在一定程度上弥补现有研究的不足，还能在经济高质量发展的背景下，为创新驱动全要素生产率持续增长带来有益的启示。

二 研究意义

(一) 理论意义

当前围绕区域创新生态系统和全要素生产率已经取得了较为丰富的研究成果。本书在现有研究成果的基础上,围绕"区域创新生态系统"和"全要素生产率"这两个关键词展开研究,不仅对区域创新生态系统供需协同进行了理论与实证方面的研究,还围绕区域创新生态系统供需协同对全要素生产率的影响进行了比较细致全面的分析。理论意义主要体现在:

首先,本书将区域创新生态系统划分为创新需求子系统和创新供给子系统,同时基于系统对要素关联与协同关系的关注,为供需两个子系统赋予了特定的含义,并以此为基础对区域创新生态系统供需协同及供需协同演化过程进行了较为细致的研究,既有助于拓展创新在不同层面的供需关系的相关研究,又有助于深化与充实区域创新生态系统的相关研究。当前的研究多以单项或多项的特定技术、特定产业技术等方面的供需关系为主,这些研究丰富了有关创新供需的研究成果。但从区域层面上看,特定技术、特定产业技术的供需都难以反映整个地区创新的供和需,区域作为链接宏观和微观的重要层面,研究区域层面创新的供、需,有助于丰富和拓展创新供需关系的相关研究。同时,区域创新生态系统作为当前区域创新的最新范式,众多研究对区域创新生态系统的构成进行了分析,但鲜少有研究从供给和需求的视角考虑该系统构成。然而区域创新生态系统中既包含众多创新主体,能为地区提供创新成果,也包含政府、自然等能够对地区技术选择形成影响的宏观环境因素,它们共同反映的价值主张决定了整个地区创新需求。本书在将区域创新生态系统划分为区域创新需求子系统和区域创新供给子系统的基础上,结合"五螺旋"创新驱动范式要素及要素间关联、协同关系,在对两个子系统所表征的内涵进行理论探讨的基础上,进一步研究系统供需协同及供需协同演化,有助于丰富区域创新生态系统的相关研究。

其次,本书将区域创新生态系统供需协同与全要素生产率之间建立直接联系，并揭示了区域创新生态系统供需协同作用于全要素生产率的直接影响机制和间接影响机制，有助于丰富全要素生产率的相关研究。现有研究已经围绕全要素生产率与技术进步、创新、结构调整等的关系进行了比较深入研究。本书则以区域创新生态系统为基础，结合现有研究结论，将区域创新生态系统供需协同与全要素生产率之间建立直接联系，并结合系统供需协同的两组关键协同关系，揭示其对全要素生产率的影响机制，其中不仅包括区域创新生态系统供需协同对全要素生产率的直接作用机制，还包括通过传导中介形成的间接作用机制。此外，进一步结合实际，选取创新供需两侧的关注重点，即创新途径、研究类型及产业发展，分别研究了它们对区域创新生态系统供需协同影响全要素生产率的调节作用。不仅能为全要素生产率的相关研究提供一个新的视角，还有助于丰富全要素生产率的有关研究结论。

最后，以中国为研究对象，实证检验区域创新生态系统供需协同对全要素生产率的影响，并对不同类型地区二者间作用关系进行异质性分析，有助于丰富区域创新、区域创新生态系统等研究领域的研究成果。当前在区域创新生态系统与经济发展、创新绩效等关系的文献中，往往忽略了地区异质性的考察。但中国作为一个发展中大国，复杂的国情和明显的地区差异使得各省份无论在区域创新生态系统的完善程度，还是在研发投入、创新基础设施建设等方面，甚至在创新的供给与需求上都存在明显差异，因而可以为区域创新研究提供丰富的研究素材。因此，中国可以作为一个研究区域创新、区域创新生态系统多样性的典型案例，特别是对一些尚未建立完善区域创新生态系统的地区，也可将它们看作是可运行的区域创新生态系统去研究（Valentina，2017）。因此，以中国为研究对象并关注异质性样本的研究结果，能在补充区域创新相关研究结论的同时，丰富区域创新生态系统的相关研究结论。

（二）现实意义

本书的有关研究内容是在当前要求坚持需求导向、问题导向的创新以及全要素生产率增长滞缓等众多现实背景下提出的,围绕区域创新生态系统的全要素生产率影响机制这一问题,在理论分析的基础上,进一步以中国30个省级行政区(港澳台和西藏除外,下同)作为样本进行实证检验。因此,研究的现实意义主要包括:

第一,有利于明晰各省份创新生态系统供需协同的现状、差异及短板等,能为各省份促进创新供需两侧协同发展以及创新生态系统协同效应的发挥提供经验证据。本书在对各省份区域创新生态系统供需协同指数测度的基础上,从各省份创新生态系统供需协同指数所处阶段、供需两侧关系以及供需两侧的跨期协同演化情况等多个方面对研究期内各省份创新生态系统协同指数的评价结果进行了详细的分析,以期能在对研究期内各省份区域创新生态系统供需协同的现状、发展及差异等方面有更加清晰的认识,从而为各省份有针对性地弥补系统短板、相关政策制定等提供经验证据。

第二,有利于不同类型地区明晰区域创新生态系统供需协同对全要素生产率的影响,能为不同类型地区以创新生态系统供需协同促进全要素生产率提升的差异化政策制定提供思路与经验证据。在理论研究基础上,本书围绕区域创新生态系统供需协同与全要素生产率间的数量关系进行了实证研究,一方面以全国整体样本进行检验,以从宏观层面上准确把握二者间的作用关系,另一方面,则基于不同地理区位差异、不同资源依赖水平差异的地区以及不同全要素生产率水平的地区三个维度,对二者间作用关系进行地区的异质性检验,以揭示不同类型地区区域创新生态系统供需协同对全要素生产率影响的差异,从而能为不同类型地区以创新生态系统供需协同促进全要素生产率提升提供经验证据。

第三,有利于厘清中国区域创新生态系统供需协同影响全要素生产率的作用路径及关键因素,能在为各省份有效发挥创新生态系统的协同效应,及系统整体效能的提升提供进一步优化方向的同时,还能为促进全要素生产率提升带来有益的启示。本书通过分析区域创新生态系统供需协同对全要素生产率之间的间接影响机制,明确了二者间作用路径,并从创新供需两侧选取不同创新途径(自主研发和技术引进)、不同研究类型(基础研究和应用研究)以及不同产业发展(制造业发展和生产性服务业发展)作为影响二者间作用关系的关键因素,分别分析它们对于区域创新生态系统供需协同影响全要素生产率的调节作用,能为地区激发创新生态系统潜能、促进全要素生产率提升等提供方向与启示。

第二节 主要研究内容

本书围绕"区域创新生态系统供需协同对全要素生产率的影响及作用机制"这一核心问题,遵循"问题提出——分析问题——解决问题"的研究思路进行,从区域创新生态系统供需协同、区域创新生态系统供需协同对全要素生产率的影响机制及调节因素等多个方面展开理论与实证研究,最终得出研究结论并提炼相关政策启示。主要研究内容如图 1.1 所示。

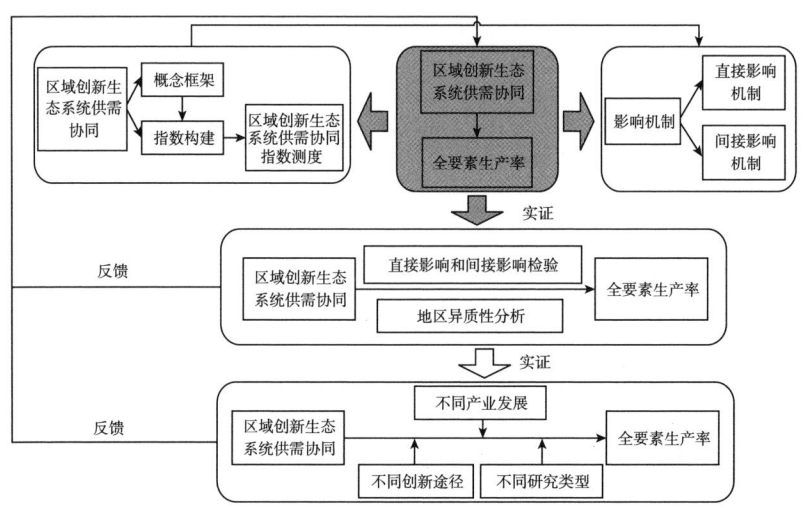

图 1.1 主要研究内容

(一) 区域创新生态系统供需协同概念框架及供需协同指数构建与评价

该研究内容以区域创新生态系统的概念、特征等为基础，通过将区域创新生态系统与自然生态系统进行类比，同时结合实际，将区域创新生态系统解构为区域创新需求子系统和区域创新供给子系统。进一步地，结合"五螺旋"创新驱动范式的构成要素，在对各子系统进行深入解析的基础上，明确了系统供需协同所包含的两组关键的协同关系，即创新需求子系统与创新供给子系统之间代表的子系统协同和创新供给子系统中创新主体所代表的要素协同。在此基础上，进一步构建了表征系统要素协同、子系统协同的创新生态系统供需协同指数评价指标体系，同时借助信息熵、耦合协同度模型、复杂系统协同度模型等方法对系统供需协同指数进行计算，并依据结果对中国30个省份创新生态系统供需协同水平的现状、时空特征、跨期演化趋势等内容进行详细分析，为后续研究奠定了基础。

(二) 区域创新生态系统供需协同对全要素生产率的影响机制

该研究内容主要从理论层面将区域创新生态系统供需协同对全要素生产率的影响机制进行了梳理，在二者间建立了直接关系。该研究内容主要包括：首先，从全国样本整体、三大经济带、不同省份对比以及特殊省份观察这四个维度，对区域创新生态系统供需协同指数与全要素生产率之间的关系进行特征事实分析，明确了在二者间建立直接联系的科学性与必要性；其次，基于本研究所得出的区域创新生态系统供需协同所包含的两组关键的协同关系，分析了区域创新生态系统供需协同对全要素生产率的直接影响机制；最后，结合现有研究成果，将技术进步、产业结构调整以及创新要素配置三个方面作为作用路径，分别分析了区域创新生态系统供需协同对全要素生产率的间接影响机制。该部分内容为后文实证检验区域创新生态系统供需协同与全要素生产率之间的数量关系提供了一个理论分析框架。

（三）中国区域创新生态系统供需协同影响全要素生产率的实证研究

该研究内容以中国 30 个省份 2009—2018 年面板数据为实证研究对象，对区域创新生态系统供需协同与全要素生产率之间的数量关系进行检验。主要研究内容包括：第一，采用全要素生产率测度公式计算了 2009—2018 年 30 个省份的全要素生产率，并对测度结果作出初步分析；第二，基于测度结果，通过构建静态面板模型和动态面板模型，对全样本区域创新生态系统供需协同直接影响全要素生产率的短期效应和长期效应分别进行检验，并对检验结果进行稳健性分析，以从整体上明确二者间作用关系；第三，考虑到中国地区发展不平衡不充分问题严重，该部分内容还基于地理区位差异、基于资源依赖水平差异以及基于全要素生产率水平差异这三个不同的维度，对区域创新生态系统供需协同水平与全要素生产率之间的数量关系进行地区异质性的检验和分析，以考察不同类型地区二者间作用关系的差异；第四，采用中介效应模型对三条影响路径分别进行了实证检验与分析。检验结果能为揭示中国区域创新生态系统供需协同对全要素生产率的影响提供经验证据。

（四）区域创新生态系统供需协同影响全要素生产率的调节因素分析及实证检验

为强化区域创新生态系统供需协同对促进全要素生产率提升的作用，本书从创新供需两侧入手，结合实践，分析创新供需两侧应关注的重点——即创新途径、研究类型及产业发展的选择，并从不同的创新途径（自主研发和技术引进）、不同的研究类型（基础研究和应用研究）以及不同产业的发展（制造业和生产性服务业发展）这三个方面。其一，分别从理论层面上分析它们对区域创新生态系统供需协同直接影响全要素生产率或通过影响传导中介而间接影响全要素生产率的作用机理，其二，通过构建可调节的中介效应模型，采用中国 30 个省份 2009—2018 年的面板数据，对提出的调节因素进行实证检验。研究结论能为中国各省份区域创新生态系统强化供需互动与协同发展、促进全要素生产率提升等提供方向和依据。

第三节 研究方法与技术路线

一 研究方法

本书所使用的研究方法主要包括：

1. 文献研究法

本书以"创新生态系统""创新系统""全要素生产率""协同"等为关键词，广泛搜索了国内外相关文献，在阅读与分析总结现有研究成果的同时，借助 Citespace 等文献计量软件对搜集的文献进行筛选，以获取高质量文献，同时对筛选得到的文献进行分类、总结和研读。通过对已有的研究成果进行梳理，明确了区域创新生态系统的组成、形成与演化机制、全要素生产率的来源及提升途径等相关内容及研究脉络，一方面从中了解了现有研究中有待进一步推进和完善的领域，为本研究内容的提出奠定了基础，另一方面为研究方案的细化、理论框架的构建及实证研究的设计等提供了理论支撑。

2. 逻辑演绎法

本书运用逻辑演绎法，在对区域创新生态系统进行解构分析的基础上，结合"五螺旋"创新驱动范式，从供需视角对区域创新生态系统的组成子系统及子系统内要素关系进行了剖析，明确了系统供需两个子系统的含义及表征的具体内容，并据此从理论层面分析了区域创新生态系统供需协同，从中提炼出系统供需协同的两组关键协同关系。此外，还借助逻辑推演，详细分析了区域创新生态系统供需两个子系统协同演化过程，既为明确系统供需协同的本质内容进一步提供了依据，也为区域创新生态系统供需协同指数评价指标体系的构建提供了理论依据。

3. 信息熵方法、耦合协同度模型及复合系统协同度模型

依据对区域创新生态系统供需协同的理论分析结果，本书认为

区域创新生态系统供需协同在本质上包括了两组关键的协同关系，其一是创新需求子系统和创新供给子系统的协同，其二是创新供给子系统中创新主体的协同。因此在测度区域创新生态系统供需协同指数时，采用信息熵方法对创新供给子系统中创新主体的协同创新水平进行测度，同时采用熵权法将衡量创新需求子系统的一组相关指标进行线性加总进行测度，并在此基础上，运用耦合协同度模型对二者协同水平进行测算，得到最终的区域创新生态系统供需协同指数。同时，对各省份创新生态系统供需协同指数几个代表性年份的测度结果进行了展示及分析。此外，本书还采用复合系统协同度模型测算了各省份区域创新生态系统供需两个子系统跨期的协同演化结果，以明确各省份研究期内创新生态系统供需两侧动态的协同发展趋势。

4. 面板数据模型

在实证研究部分，通过构建静态面板模型和动态面板模型从短期和长期两个方面共同考察区域创新生态系统供需协同对全要素生产率的直接影响，并分别采用固定效应模型、随机效应模型或 GMM 方法等对相关面板模型进行估计，在不同的全要素生产率水平下分析异质性作用关系时还运用了分位数回归方法；在区域创新生态系统供需协同对全要素生产率的间接影响检验上，构建了中介效应模型并运用 GMM 方法对模型进行估计；在区域创新生态系统供需协同影响全要素生产率的调节因素检验上，则构建了可调节的中介效应模型进行分析。此外，在全要素生产率测度、创新要素误置程度测度的过程中都采用变系数模型去估计对应的生产函数，以获取不同省份的要素弹性，从而进一步得出相应省份的全要素生产率测度值和创新要素误置指数。

二 技术路线

本书在理论与实践的双重导向下，提出研究问题，并在创新系统理论、生态系统理论、"五螺旋"创新驱动范式、马克思主义的供给需求理论等相关理论的指导下，围绕区域创新生态系统供需协同的全要素生产率影响机制展开研究，得出研究结论，最后基于研究结论提炼、归纳出政策启示。技术路线如图1.2所示。

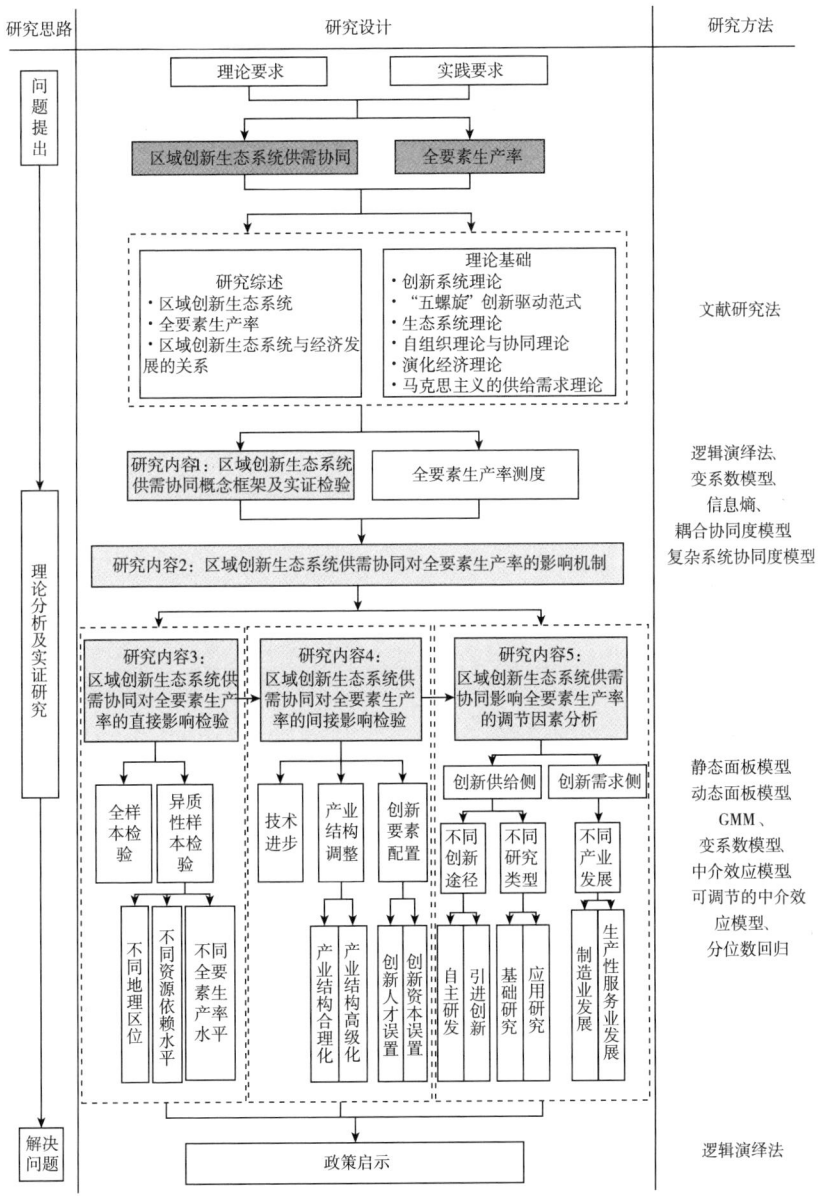

图1.2 技术路线

首先，对区域创新生态系统供需协同的概念框架进行了理论层面的分析和探讨，着重从供与需的角度刻画区域创新生态系统的结构，并通过构建区域创新生态系统供需协同指数评价指标体系对中国 30 个省份 2009—2018 年创新生态系统供需协同指数进行实证测度；

其次，基于特征事实分析，将区域创新生态系统供需协同与全要素生产率建立直接联系，并进一步从理论层面上，一方面分析了区域创新生态系统供需协同影响全要素生产率的直接影响机制，另一方面分析了区域创新生态系统供需协同通过传导路径作用于全要素生产率的间接影响机制，在此基础上，采用中国 30 个省份 2009—2018 年面板数据，从全样本与异质性样本两个维度，分别对区域创新生态系统供需协同与全要素生产率之间的直接影响机制进行检验，同时，还对全国整体样本的间接影响机制也进行实证检验；

再次，理论结合实际，分析了当前中国在创新的供需两侧分别应重点关注的内容，其中前者应关注创新途径与研究类型的选择，后者应关注重点产业的发展，以此为基础，从不同创新途径、不同研究类型及不同产业发展三个方面选取了相关因素分析并检验其对区域创新生态系统供需协同影响全要素生产率的调节作用；

最后，结合理论与实证研究结果，得出以区域创新生态系统供需协同去促进全要素生产率提炼总结出相应的政策启示。

第四节　主要创新点

在实践与理论研究的共同引导下，提出了核心研究问题，并进一步在系统梳理现有研究成果及相关理论的基础上，结合当前研究的不足，设计了本书的研究思路和研究内容，力图能在理论和实践层面都有所突破与创新。综合来看，主要创新点体现在：

第一，本书在将区域创新生态系统划分为创新供给子系统和创新需求子系统的基础上，从要素关联、协同的角度分析了各子系统的内涵，为研究区域创新生态系统构成提供了一个新的视角。区域创新生态系统要求地区创新主体在协同创新过程中，应与系统中社会、经济、自然等宏观因素保持协同互动，因为它们作为地区宏观层面的选择压力，决定了整个系统的价值主张，能从地区宏观整体上反映出对于创新的需求。然而目前不仅少有研究涉及创新主体与宏观环境间的关系，且大多忽略了宏观环境对于创新需求的决定作用。本书从区域创新生态系统中各类创新主体代表的供给及宏观环境所反映的需求入手，基于区域创新生态系统的组成要素及其功能特点，构建了包括创新需求子系统和创新供给子系统层次、要素层次的双层供需协同概念框架，同时，从系统要素间关联、协同关系的角度，分析区域创新生态系统供需两个子系统的协同关系，并赋予两个子系统特定的内涵，在理论上为研究区域创新生态系统提供了一个新的、更加宏观的视角，具有一定的理论创新。

第二，本书将区域创新生态系统供需协同与全要素生产率之间建立起直接联系，并从理论层面上系统揭示了区域创新生态系统供需协同对全要素生产率的影响机制。当前对区域创新生态系统和全要素生产率之间关系的研究相对较少，但通过文献梳理可以发现，全要素生产率的主要来源与提升路径在一定程度上与区域创新生态系统保持良性运作下的功能高度相近，因此，区域创新生态系统与全要素生产率之间可能存在一定的关系，这为本研究预留了理论缺口。同时，基于对区域创新生态系统供需协同的分析，还结合系统供需协同所包括的两组关键协同关系，对其作用于全要素生产率的直接影响机制和间接影响机制进行阐释，也在理论层面上具有一定的创新。

第三，本书在区域创新生态系统供需协同对全要素生产率影响机制的检验结果基础上，进一步研究了区域创新生态系统供需协同影响全要素生产率的主要调节因素，能为优化二者间作用关系提供借鉴。本书结合实践，将创新途径和研究类型的选择作为区域创新生态系统的创新供给子系统应关注的重点，将重点产业发展的选择作为创新需求子系统应关注的重点，并将不同创新途径，即自主研发和技术引进，不同研究类型，即基础研究和应用研究，不同产业发展，即制造业和生产性服务业发展，作为主要考虑的调节因素，分别分析了它们对区域创新生态系统供需协同影响全要素生产率的调节作用，以期能为激发区域创新生态系统潜能、促进全要素生产率等提供有益借鉴。

第四，本书采用中国30个省份2009—2018年面板数据进行实证研究，从全国和异质性地区分别对区域创新生态系统供需协同与全要素生产率二者间的作用关系进行检验，丰富了异质性地区的有关研究结论。当前对区域创新生态系统与经济发展、创新绩效等关系的研究，多以全国整体进行分析，忽略了对异质性地区的考察。本书不仅从全国整体上明确了区域创新生态系统供需协同与全要素生产率之间的数量关系，还基于地理区位差异、基于不同资源依赖水平差异及不同全要素生产率水平差异三个维度对二者间关系的区域异质性进行分析。研究结果能明确不同类型地区创新生态系统供需协同与全要素生产率之间的差异化结果。

第二章 理论基础与文献综述

区域创新生态系统是区域创新实践与理论研究共同向纵深推进的结果，在学术界、产业界和政府都引起了广泛关注，是促进地区经济发展的重要手段。根据研究主题及内容设计，本章首先对相关的理论基础进行阐述，以期为后文研究提供理论指导，然后，为充分了解国内外当前相关文献的研究进展及研究内容，围绕"区域创新生态系统"和"全要素生产率"这两个关键词，对这两方面相关文献进行梳理，有助于厘清研究脉络、洞悉研究缺口，为研究的开展提供方向与借鉴。

第一节 理论基础

一 创新系统理论

随着创新研究的不断深入，创新的面纱被层层揭开，其非线性、复杂性、不确定性、动态性等特征，将线性模式的创新研究推入了创新系统的综合性研究阶段（周元、王海燕，2006）。

创新系统概念始于国家层面（Freeman，1987；Lundvall，1992；Nelson，1993）。该理论认为创新是一种系统化行为，国家创新系统的本质是一个由创造、储存和转移知识、技能或具备新技术特征的产品的相互连接的不同机构所共同构成的系统（Metcalfe，1995），技术创新是其核心（Freeman，1987）。每个国家的经济发展状况都与创新系统之间具有明显联系，创新系统僵化会导致经济发展速度减缓（Freeman，2008）。在我国国务院 2006 年颁布的《国家中长期科学和技术发展规划纲要（2006—2020 年）》中，将国家创新体系界定为以政府为主导、充分发挥市场配置资源的基础性作用、各类科技创新主体紧密联系和有效互动的社会系统，并明确指出，建设以企业为主体、产学研结合的技术创新体系，是中国特色国家创新体系建设的突破口[①]。这既从政策上强调了中国情景下的国家创新系统各类构成要素应关注有效关联与互动，同时也为构建具有国家根植性的创新系统指明了方向。

  随着国家创新系统研究的推进，有学者认为国家层面的创新系统研究具有局限性，这主要是因为与技术进步有关的交互行为大多发生在区域层面（Cook 等，1997）。同时，从实践上来看，一方面，一国内部区域多样性的存在使得国家创新系统往往更适用于较小的国家（Edquist，2005），另一方面，全球化进程的推进使得"国家状态"逐步被"区域状态"所取代（Ohmae，1993），因此，区域创新系统引起了越来越多学者的关注（Cooke，1992；Asheim、Gertler，2005；王缉慈，1999；黄鲁成，2000；Doloreux，2002；柳卸林，2003；魏江，2010）。虽然到目前为止，区域创新系统也没有形成一致的界定，但在其内涵上仍然形成了一些相同观点。首先，区域创新系统包括一定的构成要素。相关的研究认为，区域创新系统主要包括主体要素、资源要素及辅助要素等。其中主体要素有企业、高校、科研机构等，资源要素主要涉及创新人才、创新资本以及科技、信息等，辅助要素则包括政府、市场、中介结构等。其次，区域创新系统强调各类构成要素彼此联系和相互作用。正是要素间按照一定顺序或组合方式形成的复杂关系，使区域创新系统被进一步细化为多个层次，从而具有了层次结构，通过各子系统在不同层次相互作用，实现了区域创新系统在地区提高创新能力、促进产业升级、培育创新集群、转变经济发展方式等众多功能。最后，区域创新系统具有

---

① 资料来源：http：//www.gov.cn/gongbao/content/2006/content_ 240244.htm。

区域性、根植性、整体性、自组织性、动态性、开放性等特征。这些特征既表明区域创新系统始终处于不断演化的动态过程中，同时也说明了区域创新系统具有地区适应性。

综合来看，区域创新系统是国家创新系统在区域层面的体现，是国家创新系统理论在区域层面的延伸和发展。因此，区域创新系统在一定程度上可以被理解为是国家创新系统的组成部分，但这二者之间并不等同，是存在差别的。区域创新系统在不同地区的多样性展现可以视作国家创新系统活力的重要体现。因此，强调区域创新系统的建立具有十分重要的现实意义。

二 "螺旋"创新驱动范式

与创新生态系统研究高度重叠的研究内容是"螺旋"创新驱动范式（Lei，2019），能反映创新系统创新动力的来源所在。"螺旋"概念的目标是通过为社会创造具有附加价值的知识资源，以便在可持续发展领域发挥领导作用（Elias，2012）。主要经历了"三螺旋""四螺旋"到"五螺旋"的演化过程（见图 2.2）。在采用各种螺旋模型分析创新生态系统时，不仅明确了系统的各类要素，同时还强调了这些要素间的相互关系，表明创新生态系统需要将各类创新主体间有效的协同与整合作为系统的重要考察对象（柳卸林等，2015），从而使得行为者网络的协作也逐渐成为有关研究关注的重要内容（Emily等，2019）。

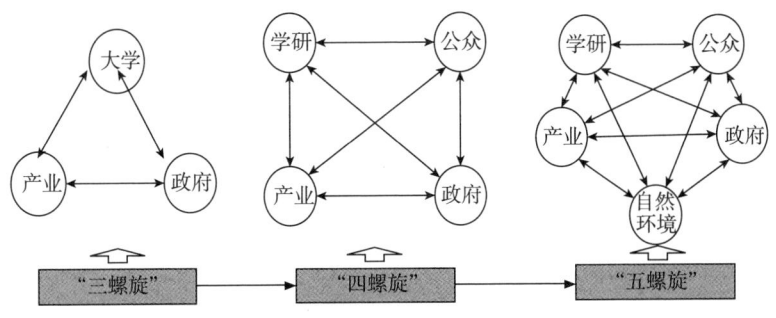

图 2.2 "螺旋"创新驱动范式的演进

资料来源：作者根据相关文献整理。

在这三种螺旋模型中，"三螺旋"模型以大学、产业界以及政府之间具有的非线性关系，侧重强调和关注了它们在知识创造与共享方面的关联关系，即产业是生产的来源、政府提供法规和政策、大学提供新的知识和技术（Etzkowitz，1993；Etzkowitz、Leydesdorff，1995），在相关的研究中，产业多以企业来替代，这种螺旋模型精准刻画和反映了经济实践中的知识和创新应当与知识经济时代相适应；Carayannis和Campbell（2009）在"三螺旋"模型中加入代表公众（用户）的螺旋，将模型扩展到"四螺旋"，该模型的建立考虑了产业、大学和研究机构、政府及公众（用户）四者之间的交互关系，在其中重点强调了公众及社会对未来创新生态的发展与平衡的作用（Carayannies等，2018），认可了政府政策及市场力量对创新生态的作用，反映了对公共价值和社会主导的创新的重视（Bozeman等，2015）。"四螺旋"模型整体上突出了知识社会的观点，并强调了知识民主化对知识生产和创新的作用，用以描绘和要求知识、创新要与社会共同进化，这使得相对封闭的政产学创新政策制定与实践过程得以开放（Carayannies等，2012；Campbell等，2015）；进一步地，随着21世纪的到来，全球社会和经济等在发展过程中日益显现出鲜明的生态敏感性特征，这使得自然环境效应逐渐被视为知识生产及创新的重要驱动力之一。2009年，欧盟（European Commission）明确将社会生态转型确定为未来发展路线图的一大挑战。随后，就有学者在"四螺旋"的基础上，再加入"自然环境"作为第五个螺旋，用于反映和体现创新要满足"可持续发展"和"社会生态转型"的需要。这种螺旋模型支持形成生态、知识和创新的双赢局面，通过突出强调知识及创新要与自然环境相结合这一理念，共同去刻画和解释了知识、创新与可持续发展之间的联系（Elias等，2012）。可以看出，无论是"四螺旋"还是"五螺旋"，都更加突出了创新活动要根据地区实际来量身定制，而非外部的最佳实践（Barca等，2012；McAdam等，2017），即知识生产、创新活动的开展都应遵循的是"适宜性"原则，而非"最优"原则。虽然这三种螺旋模型在逻辑上存在递进关系，但在不同研究内容或研究目标的文献中，它们都仍然是当前关注的重点，且随着经济、社会等发展的复杂性不断提升，还会有新的螺旋再加入，使螺旋模型逐渐演进为"N 螺旋"。

相较于"三螺旋"和"四螺旋"创新驱动范式，"五螺旋"创新驱动范式是当前用于分析和研究创新生态系统更为理想的工具，因为其在政、产、学研、用的基础上加入自然环境维度，将创新与自然环境紧密结合，是对当前经济社会发展具有生态敏感性的深刻回应。且"五螺旋"创新驱动范式以产业、学研、政府、公众和自然环境及其相互关系，能够更全面地反映创新生态系统的生态过程（刘畅、李建华，2019），其中不仅强调了系统要素及其多样性，也使得系统发展更依赖与强调要素的互动与协同。这也是本研究将区域创新生态系统的协同问题作为研究重点之一的原因，在具体分析过程中，也以"五螺旋"创新驱动范式作为分析工具加以运用。

三 生态系统理论

生态系统（ecosystem，ECO）概念由英国生态学家 Tansley 于 1935 年提出，他将生态系统定义为自然界中的生物群落及它们与生存环境相互作用、相互依存所形成的统一整体。这一概念从系统整体上揭示了自然界有机生物与环境的关系。生态系统主要包括生物群落及其所处的外部环境，其中生物群落在生态系统中占据主导地位，主要包括动植物、微生物等有机生命体。依据它们在物质能量交换过程中作用的不同，可分为生产者、消费者和分解者。自组织性是生态系统最重要的特征，能为系统演化和发展提供动力。生态系统运行时，生物群落既能不断从其所处的外部环境汲取能量与物质，也同时能对外部环境产生影响，还能通过改变自身以适应不断变化的外部环境来达到保护自身利益的目的。

生态系统理论的核心概念是生态位。所谓生态位，是某一种群在生态系统中所处的位置及其与相关种群间的关系与作用。一种生物所能利用的不同资源的总和被称作生态位宽度。但由于资源稀缺，以及竞争、选择等自然机制的存在，不同种群可能由于争夺同种资源使生态位出现重叠。因此，生物种群为了在生态系统中保持有利地位，以获取充足的资源，各种群都会不断调整自身生态位。这就说明生态位具有联动性，某个种群生态位发生变化会引起相关种群的生态位共同改变（Iansiti、Levien，2004）。生态位的改变会使不同种群之间产生两种相互作用关系，一种是种群间的竞争关系，有助于促进优胜劣汰，另一种是种群间的共生关系，能在系统受内外部影响时通过合作共同抵御，增强系统韧性。这两种关系共同构成生态系统中种群生存、演化的一般规律。

随着经济、社会等多方面活动复杂性日益加剧，以及系统研究的不断深入，生态系统概念被逐渐应用到生命、社会、经济、管理等众多研究领域，并被研究者赋予了不同的含义。例如在社会科学领域，有学者认为全球经济是由组织或客户等类生物体所共同构成的实体（Valkokari，2015），其中还同时包含了各类参与者之间的一系列相互联系（Basole、Karla，2011）。再例如商业生态系统，学者Moore（1993）将其定义为一个结构化的经济社区或商业有机体，并通过将系统中各类组成要素与生物领域的相关概念进行类比，认为公司处于由参与者构成的互联网络中，管理者应使网络参与者围绕创新共同演化，实现知识、技术等的共享。

对比来看，创新生态系统与自然生态系统存在相似之处，但也有明显不同。其中最重要的一点就是，创新生态系统的演化比生态系统的演化更加复杂，这主要是因为生物进化的实质是由于基因突变、基因重组等原因造成的基因频率发生改变，基因频率发生改变的方向是由自然选择所决定的。意味着生物进化是被动接受自然选择的过程。但创新生态系统是人工的、社会的复杂系统，其建立与发展都具有鲜明的目的性和主观能动性，所以创新生态系统不可复制自身（Jablonka，2000），也就是说，不能将一个成功的创新生态系统案例完全照搬到另一个领域或地区，因而需要在特定情境下对地区创新生态系统进行深入分析与研究。

四 自组织理论与协同理论

自组织理论是用于解释自然界中自发形成的宏观有序现象的一种理论,该理论认为,一个具有开放性、非线性原理的平衡态系统,在外界环境作用下,打破系统平衡态,使系统出现随机涨落时,该系统可以借助非线性关系使系统向有序状态演变。自组织理论是一种解释系统进化规律性的有效工具。该理论由众多理论分支构成,协同理论就是其中最具代表性的理论分支之一。协同理论中的协同指系统中各部分间的协同工作。该理论用于研究由完全不同性质的子系统所构成的各种系统,其认为在一个系统里,各子系统间非线性的相互作用促使系统结构演化(哈肯,1984),主要关注一个开放系统如何从无序状态向有序状态转变,即系统如何协同演化。协同演化不仅强调了系统演化具有目的性,同时也突出了系统演化是自组织的实现。

随着自组织理论及协同理论的不断发展,二者在解释众多研究领域的问题中逐步得到广泛应用,且在不同领域中都普遍表现为,当系统条件发生变化时,系统便能发展成宏观规模上的新模式。例如,在自然生态系统中,协同演化是指多个物种间通过不断交互、演进,使发展路径体现出相互交织、彼此促进的现象(Ehrlich,1964),这使得自然生态系统表现出相互适应、共同进化,并通过自组织作用,使系统实现由无序向有序的转变。在创新系统借鉴生态系统概念所形成的创新生态系统中,自组织性被视为系统运行的基本特征,其不仅体现在各类创新主体可以自发地根据现实条件变动调整自身行为及与其他主体的关系,也体现在系统演进过程的各个阶段中(汤书昆、李昂,2018)。

五 演化经济理论

索洛模型是内生经济增长理论中最具代表性的模型之一,该模型将经济增长分解为资本和劳动投入引起的增长及技术进步引起的经济增长三部分,其中由技术进步引起的经济增长即为全要素生产率。在此模型影响下,创新或技术创新是驱动经济长期发展的根本动力这一观点已达成共识，并将创新作为经济增长的内生化因素进行处理，但这种处理方式使得创新活动被简化为资源最优跨期配置的均衡结果（乔瓦西·多西，2019）。然而，创新要素与一般的生产要素有所不同，具有动态的边际收益递增特性，这使得人们可以从相对较少的创新要素投入中获取更多的收益。因此，创新虽然是经济活动的内生因素，但其从根本上违反稀缺性原则和守恒原则，这使得对创新的研究和解释逐渐转向了演化经济理论（乔瓦西·多西，2019）。

熊彼特是公认的具有影响力的演化经济学家，其将演化思想引入技术、组织及制度的共同演化过程中，为演化经济学发展奠定了基础。此后，西蒙的有限理性假说、哈耶克的自发秩序理论等也都推动了演化经济理论的发展。纳尔逊和温特的《经济变迁的演化理论》是演化经济理论中最具代表性的著作之一，作者认为该理论是借用了生物学思想，从而行使一种选择权（纳尔逊、温特，1997）。该理论借鉴了生态学中的"自然选择""组织遗传"等观点，用于解释经济系统或复杂系统的演化。所谓"演化"，囊括了对长期的、渐进变化过程的关注，要求将现实中可观察到的规则解释成可以被理解的动态过程。同时，"演化"意味着结果具有不确定性，何种结果被实现取决于具体情况。因而，演化经济理论坚持从动态的视角分析经济发展，将有限理性、多样性及演化性视为理论的核心内涵（乔瓦西·多西，2019）。且该理论认为经济活动所遵循的不是"最优"，而是"最适应"，肯定的不是"惯例"，而是"多样性"或"异质性"，强调的不是"不变"，而是"适应性试错"。因此，研究对象需要不断调整自身，从而与资源、能力及外部环境等相匹配（Teece，2007）。

演化经济理论之所以能成为区域创新系统动态研究的核心思想之一，是因为其能将行为主体的多样性及关系的复杂性清晰地表现出来（Cook 等，1998）。在一个复杂演化的系统中，其演化的本质又决定了系统具有协同的特性（乔瓦西·多西，2019）。也正因如此,区域创新生态系统也需要特别突出其协同的特点。同时,全要素生产率是由技术进步引起的经济增长,创新与技术进步之间又有着密不可分的联系,因此,区域创新生态系统的协同问题对全要素生产率的影响也应被给予关注。

六 马克思主义的供给需求理论

西方经济学供给需求理论建立在效用价值论的基础上,假设供需会自动均衡,通过对供需间关系、影响因素等的研究,以期从政府或市场角度提出有效政策以干预供需水平。与西方经济学供给需求理论不同,马克思主义的供给需求理论则将对供给与需求的理解和分析建立在资本主义生产关系的基础之上,并依据供给与需求阐述经济危机爆发的根源,从而得出资本主义必然灭亡的论断。虽然西方经济学供需理论和马克思主义的供需理论都将供需作为引发经济危机的关键因素,但马克思主义的供需理论的优势在于其从更深层次的社会基本矛盾入手论述供需关系,这对通过调整生产关系适应生产力发展,从而促进经济发展、解决社会主要矛盾等方面都具有更强的适用性和指导性。

在马克思主义的供给需求理论中,供给"是处在市场上的产品",其在质上由社会必要劳动时间决定,在量上由与社会需要相匹配的社会必要劳动量所决定,是一定社会生产关系下生产活动的起点;需求是具有支付能力的、能实现交换价值的人类一般需要,其体现的是支付能力,是一定社会生产关系下生产活动的终点,即消费。马克思一方面强调"生产是实际的起点",另一方面又同时强调了"消费作为必需……是生产活动的内在要素",因此,供给的目的是为了满足需求。实践中,生产和消费二者存在互为前提的辩证关系,因此,供给与需求之间也存在相互作用,供给不足就不能满足需求,需求不足会导致供给过剩。

保持社会总供给与总需求基本平衡是宏观社会实现协调发展的必要条件。但"一切平衡都是偶然",社会总供给与总需求的平衡仅是一种理想状态,不平衡才是常态。主要体现在供需双方通过不断博弈和调整，使得二者间由失衡趋向均衡、由均衡转向失衡的动态过程，驱动着经济发展。社会总供给与总需求是"以强制的进行平衡的那种经济的比例为前提"，"只有在生产受到社会实际的预定的控制的地方"，才能够确保"在需求方面有一定量的社会需要，而在供给方面则有不同生产部门的一定量的社会生产与之相适应"。可见，"只有当……物质生产过程……处于人的有意识有计划地控制之下的时候"，才有助于供需之间建立起直接联系，促使双方形成良性互动，共同向更加协调的方向发展。这是全面提升经济发展质量的有效途径。因此，为克服供需失衡的问题，需要实施"有计划调控"。

马克思主义的供给需求理论是指导我国实施供给侧结构性改革的重要理论基础。当前，我国大力倡导坚持需求导向、目标导向的创新，这也是为解决创新供给与需求之间不平衡而提出的有效措施。但创新供需之间的不平衡无法依靠供需两侧自动实现均衡，需要通过实施有计划的调控，即在创新领域的供给侧提供与需求侧相匹配的创新供给，在需求侧创造与供给侧相适应的创新需求，才能从源头上化解创新供给与需求的不平衡问题。这正是马克思主义的供给需求理论在创新领域的体现与运用。在该理论的指导下，能通过在科技创新领域实施一场"供给侧改革"，不断推动科技与经济的融合。

第二节 文献综述

一 区域创新生态系统的相关研究

（一）创新生态系统的源起

"创新理论"（Innovation Theory）首次出现于著名创新大师和经济学家熊彼特的著作《经济发展理论》，该理论的提出为学术研究开辟了一个全新的领域。1987年，Freeman在其著作《技术政策与经济绩效——日本的经验》中,最早提出国家创新系统概念,并将其定义为一种由公私部门组成的网络组织,通过网络中组织的互动以激发、引进、修改和扩散新技术。1992 年,Cooke 最早提出了"区域创新系统"(Cooke,1992),使得对创新过程的认识从线性迈入了非线性。1993 年,Nelson 提出国家创新体系,并对不同国家或地区创新系统进行了比较。从此,创新的主流范式逐渐成为创新系统。随着经济全球化、科技革命的迅速蔓延,单一组织越来越难以拥有创新活动所需的全部资源,创新的商业活动也必须通过众多参与者共同形成的合作网络来吸收资源及合作伙伴,鉴于此,Moore 借用生态系统概念提出了"商业生态系统"(Moore,1993)。这也是关于创新生态系统的最早研究。但商业生态系统与创新生态系统并不相同,其中最显著的差别在于前者强调价值获取,而后者关注价值创造(Leonardo,2018)。

随后,《地区优势:硅谷和 128 号公路的文化与竞争》和《硅谷优势——创新与创业精神的栖息地》这两部著作孕育产生了创新生态思想的萌芽(Morgan,1995;Li 等,2002)。它们都认为硅谷的竞争优势在于其以地区网络为基础的工业竞争,并提出要从生态学的角度去思考硅谷难以复制的原因。在此基础上,2003 年,美国总统科技顾问委员会(PCAST)首次以"创新生态系统"(innovation ecosystem)作为核心概念进行研究,并于 2004 年,在其发布的《维护国家创新生态体系、信息技术制造和竞争力》报告中提出,国家的技术和创新领导地位取决于有活力的、动态的创新生态系统(PCAST,2004),实现了"创新系统"向"创新生态系统"的转变与过渡。Adner(2006)从企业层面率先明确提出了创新生态系统,并认为创新无法由单个企业独立完成,创新生态系统则有助于实现单一组织无法实现的共同价值创造。随后,他还与 Kapoor 等学者就创新生态系统的结构和地理位置(Adner、Kapoor,2010)、创新生态系统作用下技术曲线的变动(Adner、Kapoor,2016)等内容进行了深入探讨,为创新生态系统研究作出了巨大贡献。直到 2013

年,哈佛商业评论上发表的《拥抱创新3.0》对创新范式的演化进行了系统的概括和总结,并将创新生态系统当作创新3.0的核心(李万等,2014)。

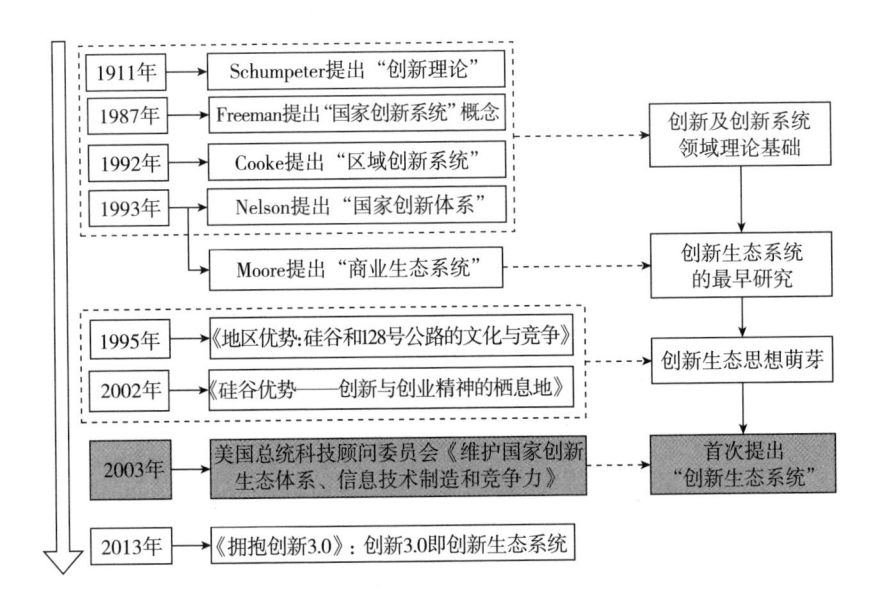

图 2.4 创新生态系统概念来源

资料来源:作者根据相关文献整理。

然而,空间与创新之间是存在必然联系的(Ott、Rondé,2019)。这主要是由于创新往往集中于某些位置,从而使其并非均匀分布在空间中(Paci、Usai,2000)。正如 Andersen(2011)所认为的那样:创新生态系统首先是一个成功的创新区域。因此,创新生态系统必须建立在具体的空间范围之内(汤书昆、李昂,2018)。同时,为确保一定空间范围内创新活动的顺利开展以及创新水平的稳步提升,就要求率先培育具有根植性的区域创新生态系统(李万等,2014)。伴随创新生态系统理论的不断演进及相关研究的逐渐深入,区域创新生态系统逐渐引起了学术界的广泛关注与讨论。

（二）区域创新生态系统的形成、演化及运行的相关研究

众多研究表明区域创新生态系统的形成与演化过程有其自身的规律性，即呈现出一定的生命周期特征（Leonardo，2018）。例如，Etzkowitz 和 Klofsten（2005）以美国硅谷和 128 号公路地作为案例进行了深入研究，依据系统的构建过程将创新生态系统的发展划分为初期阶段、实施阶段、巩固阶段和更新阶段，同时，他们还认为创新主体会在系统发展的不同阶段采取和实施不同的行动。但这种划分标准难以体现出创新生态系统所应具有的生态性。因此，有不少学者借鉴生态学领域相关视角或研究方法，对创新生态系统的阶段划分进行了研究，以体现其生命周期特征。例如，张贵（2016）基于生态场视角，将创新生态系统演化阶段划分为系统孕育期、系统成长期、系统成熟期和系统衰退期。根据所处生命周期阶段的不同，区域创新生态系统所具有的活力是有差异的（吴金希，2014）。

区域创新生态系统形成与演化的影响因素也是学者们关注的重要内容。现有研究成果主要集中在以下几方面。第一，区域创新生态系统的形成和演化需具备一些原始条件，例如需要毗邻研究型大学、优越的生活、生态环境以及开放的市场体系等等。其中，高等学府能提供大量高素质研究人才和"创业孵化器"，能为区域创新生态系统的形成和演化发展奠定基础，优美、宜居的自然生态环境和优越的生活生态环境则能有助于吸引更多人才（王仁维、吴敏竹，2016），此外，在区域创新生态系统中，规模经济和范围经济让位于网络效应和共同的专业化利益（Teece，2007），各类主体基于对未来共同利益的期望而形成一种长期信任的、超越市场合作的关系（吴金希，2014），因而需要一个相对开放的市场环境为形成创新生态系统提供保障与支撑，这既能确保系统内创新物种的多样化和多元性，也能为系统长期的演化和发展源源不断地提供各类资源或要素等。第二，区域创新生态系统的形成和演化需要有内在的"技术—经济"范式变革的驱动。其中，技术范式的变革和经济范式的变革分别是促进地区创新生态系统形成的物质基础和根本动

因，二者间存在相互促进、协同发展的关系（李万等，2014；詹志华、王豪儒，2018）。目前，第四次工业革命促使"技术—经济"范式发生重大变化，这使得地区创新生态系统在创新种群持续进化、创新群落不断演替中得以更新优化，也使得新一代信息技术融入工业社会（Fernando、José，2013），同时，创新生态系统也逐步体现出技术多元化的重要性，分享经济、协同消费业态的成长也成为经济范式变革的主要特色（詹志华、王豪儒，2018），它们与物理技术的结合成为当前创新驱动的强大引擎。第三，区域创新生态系统的形成和演化还需要一些外在的动力。例如创新文化的激励、政府政策的导向、中介机构的服务、用户需求的导向等。

创新生态系统的运行和演化机制研究对系统发展和扩张具有重要意义，也有相当多的研究围绕这方面内容进行深入探讨并形成了丰富的研究成果。在运行机制方面，国外的 Gensemer 和 Kanagaretnam（2004）运用博弈模型探索了生态系统耦合性的收益分配机制；国内的黄鲁成（2003）、贺团涛和曾德明（2008）、刘志峰（2010）等基于对系统整体效能的考虑，引入生态学理论，深入剖析和揭示了区域创新生态系统的生存机制、调节机制、功能机制、生态机制等。围绕演化机制，相关研究多以特定产业创新生态系统或区域创新生态系统为研究对象展开，运用或借鉴技术跟随与"蛙跳"理论、生态学模型、logistic 模型等研究方法，通过对系统的演化过程进行仿真模拟或理论分析，归纳得出其演化机制（Lee、Lim，2001；郁培丽，2007；陈瑜、谢富纪，2012），从动态视角揭示了系统演化过程。这些研究结论都为保障系统良性运转及快速发展提供了理论指导。

以上多是从理论层面对区域创新生态系统形成、演化及运行等进行有关研究。还有部分研究从实证检验的角度定量测度了区域创新生态系统的运行状态、发展水平等。整体来看，由于目前创新生态系统的概念尚未统一，有关的定量研究还相对较少（Leonardo 等，2018）。但近些年来，这类文献数量有增多的趋势。这些研究普遍将研究对象作为可以运作的区域创新生态系统来进行分析（Valentina，2017），并从多个角度，对反映区域创新生态系统运行状态的某一方面进行评价和分析。其中，区域创新生态系统的系统协调性评价（Cai、Huang，2018）、系统共生性评价（张晓燕、李晓娣，2019）、系统健康度评价（龚常、游达明，2015；姚艳红等，2019）、系统生态位适宜度评价（孙丽文、李跃，2017）、系统可持续发展评价（苏屹，2018）等是该类研究主要关注和研究的内容（如表2.1所示）。这些研究多运用模糊综合评价法、主成分分析、熵值法、生态位适宜度评价模型、共生测度模型等方法对系统的运行状态进行定量测度，丰富了实践检验与验证研究，对于了解不同地区创新生态系统运行状态、明确系统的优化目标与侧重点等具有启发意义。此外，还有一部分研究采用DEA、静态或动态面板模型、空间计量模型等方法，以区域创新生态系统对地区科技创新绩效或创新效率提升的作用来评价其运行效果（刘志春、陈向东，2015；李晓娣、张小燕，2019；Ott、Rondé，2019）。整体来看，这些研究普遍遵循了整体的观点，即以对区域创新生态系统内部各类要素数量或质量考察为主，对系统内构成要素间关系的考察较为有限。

表 2.1　国内区域创新生态系统的运行状态评价代表性观点汇总

内容	作者或机构	评价维度	评价方法
系统协调性	Cai、Huang	区域创新资源、创新资源流、基础创新环境、创新政策环境	基于灰色关联度的改进G1方法、协调度模型和灰色目标贡献算法
系统共生性	李晓娣、张小燕	共生单元、共生基质、共生平台、共生网络、共生环境	共生度模型
	李晓娣、张小燕	研发创新活动、应用生产活动、商业化活动	Lotka—Volterra模型
系统健康性	姚艳红等	生产率、适应力、多样性	德尔菲、专家咨询、多层次评价

续表

内容	作者或机构	评价维度	评价方法
生态位适宜度	孙丽文、李跃	创新群体、创新资源、创新效率、创新活力、创新潜力、创新环境	熵权法
系统可持续发展	苏屹	创新资源持续投入能力、持续创新产出能力、持续创新潜力、持续创新活力	因子分析、Topsis综合评价法
系统发展成熟度	汤书昆、李昂	创新环境、创新机构、创新资源、创新人才、创新市场	层次分析法、模糊综合评价法

资料来源：作者根据相关文献整理。

（3）区域创新生态系统协同的有关研究

区域创新生态系统与一般的创新生态系统一样，是一种强调成员彼此依赖的复杂协同网络（Adner，2010），其本身具有多主体、强互动等关键特征，内部构成要素间的良性互动是该系统实现可持续健康发展的关键（吴金希，2015）。特别是在当前科学技术快速发展、市场需求日益多样化和复杂化、科技创新资源又相对有限的情况下，任何单个创新主体都很难凭借一己之力对瞬息万变的市场需求迅速地产生响应，这就需要区域创新生态系统内部要素通过协同作用快速整合多样性资源，从而达到维持企业、产业或地区竞争力的目的。已有研究结论表明，迄今为止，创新生态系统相关研究的主题演化主要经历了"可持续发展""开放式创新"及"价值创造和协同创新"三个阶段（樊霞，2018），特别是2016年以来，国外有关于"创新生态系统协同"的研究热度与日俱增（魏芬芬，2019），不同创新主体之间的协同模式、协同效率等问题逐渐引起学者的关注（Davis，2009；Tamayo等，2017），还有学者从创新主体、创新资源和创新环境三大子系统内部要素组合及子系统间的关系分析了区域创新生态的协同演进（苏屹等，2016）。近些年来，国内学者也从高技术产业创新生态系统协同性、区域创新生态系统知识能力要素协同性等方面采用定量的方式加以测度和研究，丰富了该主题的研究内容及结论（何向武、周文泳，2018；郝英杰等，2020）。但整体来看，关于区域创新生态系统协同的研究数量仍然较为有限，研究视角较为单一，有待进一步深入与完善。

二 全要素生产率的相关研究

（一）全要素生产率的测度

"全要素生产率"（total factor productivity，TFP）这一概念最早由索洛提出，是指除劳动与资本引起的产出外由其他因素变动引起的产出增长，可用"索洛余值"计算，代表由技术进步引起的产出增长（Solow，1957）。从本质上看，全要素生产率与劳动生产率、资本生产率一样，也是生产效率的一种体现。按照研究对象的不同，全要素生产率的测度主要可分为两种，一种是针对宏观的产业部门或经济体的全要素生产率测度，另一种是针对微观的企业全要素生产率测度。著名的"索洛余值"就是测算宏观全要素生产率最具代表性的方法之一，众多学者在沿用索洛余值分析框架的基础上，通过对生产函数估计方法的改变以达到对全要素生产率进行修正的目的，例如，有学者针对内生性问题采用 OP（Olley、Pakes，1996）、LP（Levinsohn、Petrin，2003）、ACF（Ackerberg 等，2007）等方法进行修正，也有学者将空间效应纳入全要素生产率核算中，通过采用贸易权重矩阵、距离权重矩阵（Tientao 等，2016）、空间邻接矩阵（Glass、Kengegalieva，2019）、嵌套空间矩阵（范巧、郭爱君，2019）等嵌入空间计量测度全要素生产率。此外，宏观增长核算体系也是测度全要素生产率的有效方法，且在 Jogenson 和 Griliches 等人的不断改进下，将 Divisia Index 作为全要素生产率，形成了一套较为完整的增长核算框架。微观全要素生产率的测算则主要遵循了以生产前沿面为参照的相对效率的测算思路。Farrell（1957、1962）的研究在该领域具有开创性贡献。随着测算方法的不断优化和多样化，随机前沿函数（SFA）、数据包络分析（DEA）等系列方法也逐渐用于测度全要素生产率。但在这些测算方法中，DEA 系列方法相较其他方法能更好地模拟实际生产过程（Cook，2014），该方法也广泛运用于宏观的全要素生产率测度中。

（二）全要素生产率的来源及提升路径

理论层面上，众多学者基于全要素生产率的测度对其进行了分解，以期揭示全要素生产率的来源。例如：Massell（1961）从宏观层面将索洛模型和增长核算拓展到产业部门，将全要素生产率增长率分解为各部分加权的全要素生产率增长率、资本和劳动要素在部门间流动导致的结构变化，其中前者可用来反映整体技术进步的技术效应，后两者可用来衡量结构转换的结构效应；类似地，蔡跃洲和付一夫（2017）基于全要素生产率的定义，也将其分解为两部分，一部分用于反映各行业技术变化情况，另一部分代表劳动和资本要素在各行业间配置的结构变化，由此也将全要素生产率的来源分解为技术效应和结构效应；Färe 等（1994）则从微观层面将全要素生产率分解为技术进步与技术效率，其中前者表示生产前沿面随时间变化向外移动，后者表示在既定要素投入下实际产量与最优产量的距离；等等。由此可见，技术效应和结构效应是全要素生产率变动的主要来源。

在理论研究基础上，实证研究也主要将技术进步和产业结构调整作为全要素生产率提升的主要来源和提升路径进行分析和检验。首先，在技术进步引起全要素生产率变动的有关文献中，由于技术进步与全要素生产率之间存在较强的内生关系，现有研究往往并不直接探讨技术进步水平与全要素生产率变动之间的关系，而是间接通过促进技术进步的路径，例如自主创新、境外技术引进和境内技术引进（刘祎等，2020），或技术进步的类型，例如偏向性技术进步（马洪福、郝寿义，201）等视角研究技术进步对全要素生产率的作用效果。其次，产业结构调整带来的"结构红利"是全要素生产率提升的源泉（孙学涛等，2018）。根据配第·克拉克定理，经济发展过程中三次产业结构演变遵循的是生产率提高的目标和顺序演进的过程，且在二、三产业分别成为主导产业时，宏观经济增长率分别上升和下降（Baumol，1967；Kruger，2008）。然而有实证研究结果却表明产业结构调整与全要素生产率之间的关系并不确定，产业结构扭曲会引致全要素生产率损失（焦勇、杨惠馨，2019）。例如李文兵（2011）通过对中国全要素生产率分解发现，资源从低效率部门向高效率部门的转移使得结构转变对全要素生产率提升有一定作用，但三次产业间的结构转变却并未产生明显的"结构红利"。进一步地，结合经济发展实际，李平等（2017）通过探索生产性服务业的部门技术进步与产业结构转换对全要素生产率乃至宏观经济增长的影响程度，发现生产性服务业可提升宏观经济总体全要素生产率。最后，由于全要素生产率也是一种资源配置效率，因此全要素生产率提升的实质就是资源配置效率的提升。由此可见，提升全要素生产率还应存在第三条路径，即优化资源配置。这一路经也能从学者们对全要素生产率的分解结果中体现出来。在已有研究成果中，Hsieh 和 Klenow（2009）、Aoki（2012）、Brand 和 Tombe（2013）等学者的研究都表明各国存在不同程度的资源误置，基于 Hsieh 和 Klenow 的 HK 模型，国内相继出现跨行业、跨部门、跨区域的资源误置测算模型，由此展开的实证研究同样表明资源误置在中国也普遍存在，抑制了全要素生产率提升（张兴龙、沈坤荣，2016；王文、牛泽东，2019）。秦宇（2018）则将生产要素具体到科技要素，其研究成果表明科技资源误置造成产出缺口逐年增大，从而使得科技资源投入对全要素生产率的贡献十分有限。

（三）全要素生产率的影响因素

长期以来，提升全要素生产率一直是研究经济增长问题的热点话题，学术界对引起全要素生产率变动的影响因素也保持了持久关注。现有文献显示，影响全要素生产率的因素是多方面的，主流观点大致可划分为市场类因素和制度类因素两种：其中，前者主要研究了最低工资水平（杜鹏程、徐舒，2020）、市场竞争（阮敏、简泽，2020）等对全要素生产率的影响；后者主要考察政府行为干预的影响，这一方面体现在政府财政干预对全要素生产率的影响，认为政府干预能提升全要素生产率（焦勇、杨惠馨，2019），并由此促进经济发展（祝接金、胡永平，2006），另一方面则体现为政府政策干预对全要素生产率的影响，得出环境规制（徐彦坤、祁毓，2017）、市场化改革（余淼杰，2010）、产权保护（Lin 等，2010）、产业政策（Aghion 等，2015）等都会对全要素生产率产生影响的结论。除此之外，交通基础设施、城镇化、ICT 投资（谢莉娟等，2020）、人力资本、国内外研发溢出、贸易开放（Ahmed、Bhatti，2020）等也都是能够引起全要素生产率变动的重要因素。

三 区域创新生态系统与经济发展关系的相关研究

目前关于区域创新生态系统的研究多集中在系统本身，关于区域创新生态系统与经济发展之间关系的研究却相对较少，且这类研究中多数是从理论层面分析和探讨创新生态系统对促进有限资源的整合和共生发展（李万等，2014）、推进新旧动能转换（王小洁等，2019）的积极作用。只有较少的研究直接涉及区域创新生态系统与经济增长间的关系，该研究认为区域创新生态系统对经济增长具有显著的正向支撑作用，反过来，经济增长同样对区域创新生态系统建设具有显著的促进作用（宋晶等，2017）。也有研究关注了区域创新生态系统运行状态与经济发展的关系，例如，刘洪久等（2013）通过从创新群落、创新资源和创新环境三个维度构建了区域创新生态系统适宜度评价指标体系，进一步研究区域创新生态系统适宜度与经济发展的关系，发现区域创新生态系统适宜度与 GDP 和高技术产业的发展具有很强的相关关系；刘和东和陈洁（2021）发现生态位适宜度对经济高质量发展有影响效应边际递增的双门槛效应。此外，还有研究认为，美国政府在 2015 年在全球经济复苏慢于预期的情况下发布的《美国创新战略》中强调要维护美国创新生态系统，并同时指出美国的经济发展得益于其创新生态系统的保障，这是因为其促进了美国技术创新及创新成果转化，提高了生产效率（张彬、葛伟，2016）。但是，区域创新生态系统与经济发展关系的相关研究中，大多没有将市场需求、政治制度、自然环境约束等多方面的非技术因素作为创新生态系统的主要内容去考察，但这些因素可以看作宏观层面的选择压力（Selective Pressure），能对微观个体的演化秩序产生影响（汤书昆、李昂，2018），这使得市场、政治等非技术因素无论是对建立创新生态系统能力（Lei，2019），还是对经济发展都起到至关重要的作用。由此可见，当前涉及创新生态系统在促进经济发展等方面功能的考察上具有一定程度的局限性。

四 文献述评

综上所述，国内外学者对创新生态系统以及全要素生产率的探索已取得较为丰富的成果。一方面，伴随创新生态系统研究的不断推进及创新活动对实践要求逐步增多，区域层面的创新生态系统研究日益丰富，系统构成要素及相互间关系的考察逐渐细致，虽然已有研究多从理论层面展开，但近些年对系统运行状态、运行效果的定量测度研究有增长迹象；另一方面，现有研究从不同视角对全要素生产率测度、来源等内容保持了持久关注，并深入研究了技术进步、结构调整和资源配置等对全要素生产率提升的作用与贡献。这些研究成果为本研究的提出与开展奠定了基础，并提供了有益的借鉴。但在以下方面仍有不足需要进一步完善。

1. 全要素生产率是衡量经济发展质量的重要指标之一。当前，已有众多研究从理论与实证上都得出其来源及提升路径主要包括技术进步、结构调整以及优化资源配置。创新生态系统作为当前创新发展的主流范式，现有研究也已分析了在其保持良好运行状态下，对这三方面所具有的积极作用。且在协作系统中，系统协同效应的发挥，还可以使其产生1+1>2的作用效果。因此，从理论上看，区域创新生态系统整体保持协同运转可能对促进全要素生产率提升有积极作用。从实践看，区域创新生态系统的构建及完善以及促进全要素生产率提升等都是发展、创新实践中应当关注的重要问题。然而从现有研究来看，虽然已有研究对区域创新生态系统和经济发展之间的关系进行了研究，也有研究探讨了工业企业创新生态系统与全要素生产率间的关系（陈万明、王圣元，2018），但区域层面创新生态系统与全要素生产率关系的研究却较为少见，因而尚无法明确它们在实践中的作用关系、作用路径等问题。因此，进一步探讨区域创新生态系统是否能影响全要素生产率以及如何影响全要生产率等，对有针对性地提升系统效能、推动经济持续发展具有理论和实践的双重价值。

2. 当前，"创新生态系统协同"这一研究主题已引起了学界关注，众多研究中也已强调了创新生态系统内要素保持关联、协同的重要性（Kazuo，2018），但第一，相关研究多以特定产业、行业创新生态系统作为研究对象，对区域层面的研究相对较少，定性分析较多而定量研究较少，且对于创新生态系统协同的研究多以创新主体的协同为主，即产学研的协同，但这类研究忽视了创新主体与创新环境间的协同关系；第二，区域创新环境中所包含的制度、社会、文化等非技术因素（Mercan、Goktas，2011），在影响地区系统价值主张等方面具有重要作用，能够影响地区对创新、技术等的选择，但当前文献中，特别是定量研究文献中较少有将这些非技术因素纳入区域创新生态系统研究框架中，并分析它们与创新主体间的关系；第三，通过将创新生态系统与自然生态系统进行类比，可以得出只有那些创新成果可以满足消费者需求、被消费者采纳的创新者，才能成功通过竞争而生存下来的结论（黄鲁成，2003），这其中涉及了创新成果供求双方互动，且已有研究也关注到了产业层面创新生态系统的供需协同问题（李维梁、高雅，2016），但鲜少有文献分析区域层面创新生态系统的供需互动、协同问题。因此，有必要在一个纳入非技术因素的区域创新生态系统框架下，分析系统的供需协同问题。

3. 从现有研究来看，目前关于区域创新生态系统的构成、运行和演化机制等已经从多个视角获得了较为丰盛的研究成果，从中得出的很多有益的普适性结论，能为地区创新生态系统的有关实践活动提供理论指导。但从区域创新生态系统来讲，根植性作为其基本特征之一，决定了各地创新生态系统都不能完全照搬成功地区的案例，因此有必要针对特定地区进行重点研究，并从中发现地区的适应性规律。因此，以中国为研究样本对区域创新生态系统开展研究是非常必要的。同时，中国作为一个大国，不同地区、不同省份间发展差异明显，因而对中国不同类型地区创新生态系统与全要素生产率之间的作用关系保持关注也是很必要的，这有助于为明确不同类型地区二者间作用关系等提供经验证据。

因此，为弥补现有文献的不足，本书一方面着重研究和探讨区域创新生态系统供需协同的本质与内涵，通过理论分析，基于要素功能和属性，从系统各类要素关联、协同的角度，明确系统供需协同所包含的所有关键的协同关系以及系统供需两侧的协同演化过程，并进一步构建区域创新生态系统供需协同指数用于实证测度与研究；另一方面，本书通过将区域创新生态系统供需协同与全要素生产率之间建立直接联系，探讨区域创新生态系统供需协同对全要素生产率的影响机制及调节因素等相关内容，并以中国30个省份2009—2018年面板数据作为实证研究对象，进行实证检验，获取相应的研究结论，以期能为相关政策制定等提供借鉴与参考。

第三节　本章小结

本章出于对研究内容的思考，一方面阐述了创新系统理论、"五螺旋"创新驱动范式、生态系统理论、自组织理论与协同理论、马克思供给需求理论及演化经济理论等，这些都将为后文的研究内容及分析提供理论指导。另一方面，则以"区域创新生态系统"与"全要素生产率"作为关键词，系统梳理了这两方面的相关研究，同时还对区域创新生态系统与经济增长的相关研究进行了总结与归纳，并基于当前研究进展发现理论缺口，提出需要进一步推进和完善的方面，这是研究开展的基础。通过相关理论的阐释及文献回顾和分析，可以为厘清研究现状、启发研究思路、搭建研究框架等产生重要作用。

第三章 区域创新生态系统供需协同概念框架与实证测度

区域创新生态系统是一个由多要素及要素间关系构成的复杂系统，这使得区域创新成为突出要素彼此互动、协同联动的复杂过程。形成关联、互动的协同关系，对于提升系统效能、促进系统发展至关重要。本章在对区域创新生态系统概念界定及特征阐述的基础上，作为对当前创新坚持需求导向、问题导向的现实要求的回应，从供给与需求的关系入手，分析和探讨区域创新生态系统供需协同问题。进一步地，出于对系统内各类关联、互动关系的考察，构建了区域创新生态系统供需协同指数，并以中国 30 个省份为研究对象进行实证测度，以求在厘清区域创新生态系统供需协同本质的同时，了解中国不同省市创新生态系统供需协同水平的时空演化特征。

第一节 区域创新生态系统概念界定及特征分析

一 概念界定

明确什么是区域创新生态系统、什么是协同，是本研究的一个重要基础。因此，本小节内容首先对二者进行界定。

虽然学术界在创新生态系统研究领域已取得了一定成果，现有研究已经从构成要素、要素间关系等方面试图去明确什么是创新生态系统，但在其概念上仍未出现统一的界定。表 3.1 中汇总了国内外比较具有代表性的创新生态系统或区域创新生态系统的概念界定。其中，PCAST（2004）在实践上首次明确提出创新生态系统概念，也将其一同列入。Adner（2006）在借鉴 Moore 的商业生态系统概念的基础上，提出了创新生态系统，是学术界由商业生态系统概念转变为创新生态系统概念的里程碑，是创新生态系统概念正式形成的标志（Leonardo 等，2018）。从这些代表性观点的汇总可以看出，虽然不同学者或机构对创新生态系统理解的角度不同，使得对创新生态系统的界定存在一定差异，但总体来看，这些概念界定中仍存在一些共同点：其一，强调系统中包含大量组织或参与者；其二，强调系统中组织或参与者之间具有相互联系和相互依赖的关系；其三，强调了系统中组织或参与者之间具有共同进化和发展的特征。

表 3.1　　国内外创新生态系统界定的代表性观点汇总

年份	作者或机构	主要观点
2004	PCAST	创新生态系统包括：发明家、技术人才和创业者；研究型大学；研发中心；风险资本产业；政府资助的高潜力领域基础研究等
2006	Ander	创新生态系统是企业通过协作安排，将各自的产品组合成一致的、面向客户的解决方案
2009	Estrin	区域创新生态系统是研究、开发和应用三种群落与不同支持性结构进行互动而实现的动态平衡
2009	Carayannis 和 Campbell	创新生态系统是人、文化与技术之间以互动激发创造，同时由政策驱动、由企业家赋权的方式
2010	Adner 和 Kapoor	强调生态系统具有明确的相互依赖性，网络中合作伙伴间的协调是系统需要被了解的特征
2013	Butler 和 Gibson	区域创新生态系统是由不同组织、制度等要素联结而成，借助资金、知识等的流动而实现动态平衡的有机系统
2018	Yan 等	基于协同学，认为创新生态系统是由政治、环境、经济、技术的相互催化与支持所共同形成的协同发展体系
2003	黄鲁成	一定空间范围内技术创新复合组织与技术创新复合环境，通过创新物质、能量和信息流动所形成的相互作用、互相依存的系统

续表

年份	作者或机构	主要观点
2014	李万等	一个区间内各种创新群落间及与创新环境间,以物质流、能量流等搭建联结形成的共生竞合、动态演化的开放、复杂系统
2016	孙冰	强调创新生态系统以企业为核心、协同创新为目的、合作共生为基础,由多主体在相互作用的动态关系中实现平衡
2020	林勇、张昊	创新生态系统由政府、企业、高校等创新群落通过彼此间相互依赖、共生演化对信息、资源、技术等进行深入整合

资料来源:作者根据相关文献整理。

从表3.1中相关概念界定可以看出,当前对于区域创新生态系统内涵的阐释主要有两种思路:一种是突出系统的生态特征,这种思路主要是借鉴了生态学的有关概念或思想,强调了区域创新生态系统各类要素的相互依赖及共生演化;另一种是关注系统结构或系统构成,这种思路按照系统要素的不同功能或属性,将区域创新生态系统划分成若干子系统,并以此为基础强调系统运行的整体性、突出系统发展的协同性。因此,本书认为,所谓创新生态系统,可以看作是将"生态系统"概念嵌入"创新系统"概念中所形成的一个复合概念,其本质上是一个具有了一定生态特征的复杂系统。在分析创新生态系统问题时,要借鉴自然生态系统的观点,在重点关注系统功能的同时,强调要素关联与互动,通过系统要素间所具有的协同演化等自组织特征确保创新活动的可持续性与稳定性。基于此,本书将区域创新生态系统界定为:一定空间范围内,具有不同功能的各类要素,通过要素关联与互动实现系统不同功能的耦合与协同发展,从而使整个系统形成具有合作共生、动态演化等生态特征的开放系统。

自然生态系统体现的是自然界中的生物群落及其与生存环境相互作用所形成的统一整体。从创新实践看,创新是由各方创新主体联动与情景因素协同影响的复杂过程（王飞航、本连昌，2021）。因此，区域创新生态系统的构成要素也大致可以分为创新主体与情景因素两种，这两种要素具有不同的功能，分属不同子系统，这使得区域创新生态系统从上到下依次具有"系统—子系统—要素"三个层次。已有研究表明，一个联动的系统更有助于深入揭示创新生态系统及其影响的创新追赶（许冠男等，2020）。因而区域创新生态系统应以创新为目的，自下而上地通过不同要素的联动、互动实现由不同子系统所反映的各种功能的联动与互动，从而使整个区域创新生态系统可以在动态关系中实现优化与发展。

"协同"这一概念源自于古希腊语，属于协同学（synergetics）范畴。《说文解字》中也提到"协，众之同和也，同，合会也"。康德在其所提出的十二范畴的关系范畴中也提到协同性，认为其是一种"共同交互作用"，用于表示主动与受动之间的交互作用，体现的是一种力学性质的关系范畴。可见，协同这一概念可用于表述在事物发展过程当中，内部要素之间所具有的协调与合作的性质或关系。

本书所考虑的区域创新生态系统供需协同，其实质上是将区域创新生态系统划分为需求与供给两个子系统，这两个子系统分别具有决定地区创新需求和提供创新供给的功能，二者间的交互作用以及各子系统内的要素的协调与合作关系即为区域创新生态系统供需协同的关注重点。后文中将对此具体说明。

二 特征分析

明确区域创新生态系统特征是本研究开展的一个重要基础，能从理论上为区域创新生态系统的运行及系统内协同关系等内容提供合理的解释。综合来看，区域创新生态系统具有以下特征。（1）整体性。该特性强调区域创新生态系统是由众多要素及要素间关系共同构成的整体，且各要素在系统中都不是孤立存在的，而是通过要素间关系相互联系与制约，通过互动使要素协同、共生，从而确保系统可以发挥整体效应大于部分效应之和的作用。（2）自组织性。该特性是区域创新生态系统中各构成要素为适应内外部变化而表现出的本能反应。系统要素在面对其他要素变动时，可以通过自我调节，使系统维持有序地自我发展并不断进化至平衡态，是决定系统演化的关键特征。(3) 动态性。该特性决定了系统能随着内外部环境的变化不断动态演化，从而使系统发展。(4) 开放性。该特性是系统在内、外部交换物质、能量等的前提。只有在开放条件下，系统内部不同的构成要素才能自发地完成物质与能量的交换，物质和能量等才能跨越系统边界流动。(5) 根植性。该特性决定了区域创新生态系统不可复制，要求各地创新生态系统都要符合当地经济、社会、自然等方面的要求，不能简单模仿先进地区成功的区域创新生态系统案例，该特性是将地区宏观环境因素纳入区域创新生态系统研究，并关注其与创新主体间的关联、协同关系的重要前提。

第二节 区域创新生态系统供需协同概念框架构建

需要特别说明的是，"创新"的概念很广，包括科技创新、管理创新、商业模式创新等形式。但作为驱动发展的内生的创新动力，主要指的应当是科技创新，其余的不同形式的创新都是以科技创新为核心所共同构成的创新驱动系统（洪银兴，2013）。因此，本书中所指的创新特指科技创新。

根据本书对区域创新生态系统的界定，该系统结构自上而下地包括了"系统—子系统—要素"三个层次，为进一步明确系统结构、明确系统内包含的主要协同关系，本节首先对区域创新生态系统进行解构；其次，"五螺旋"作为当前分析创新生态系统要素、系统运行等内容的重要工具，能直观地体现出区域创新生态系统所具有的生态过程（刘畅，2019），其在包含了创新生态系统所有关键要素的基础上，可以起到简化分析的作用，因而能被当作分析系统构成、要素关联等的理想工具。因此，在系统进行解构的基础上，进一步结合"五螺旋"所包含的要素种类对区域创新生态系统子系统内容进行分析。

一 区域创新生态系统的解构

创新，是知识创新与技术创新的融合，是影响经济增长的重要因素（Romer，1990）。创新主要可以包括供给推动、需求拉动等多种模式。其中，供给推动的创新始于科学发现，位于创新链的上游环节，新知识或新技术的采用位于创新链的下游环节，并通过该环节与产业部门联系，以产业创新为终端（洪银兴，2013），带动新兴产业和传统产业的发展。需求拉动的创新则以市场需求为基础，根据市场对创新的要求开展相应的知识或技术创新。创新驱动经济发展，不仅涉及知识和技术，还包含通过知识共享、知识管理等形成的新技术被商业化、产业化的全过程，该过程从本质上看，是科技和经济的统一（Mansfield，1966）。但二者在融合过程中，存在竞争和选择机制，即"达尔文之海"。达尔文之海的存在并不利于地区技术创新、技术进步，主要就是因为创新的成功与否除了取决于知识和技术自身的先进性之外，还需要考虑其是否能适应或满足市场的需求（刘刚、王宁，2018）。市场需求既能检验知识、技术等在地区的适宜性，同时也能为地区进行适宜的知识生产和技术创新活动开展提供方向。

通过将区域创新生态系统与自然生态系统进行类比，把创新主体类比为生产者，创新成果使用者类比为消费者，并认为区域创新应像自然生物界生物进化一样，要通过物种协同与共生，对处于不断变化的自然、社会环境作出适应性改变（黄鲁成，2003）。这使区域创新生态系统从微观的创新主体、创新成果使用者等系统要素间的协同与共生上体现出了创新是供需双方不断进行创造性互动的结果（邓久根、薛小彬，2018）。表明系统创新主体开展创新活动应考虑当下的社会、经济、自然等多方面条件，因为它们可以被看作是驱动知识、技术产生的重要力量。但站在地区整体层面讲，以单项或几项技术、科研成果等作为供需两侧的链接去考虑整个地区创新的需求与供给存在一定的局限性，这主要是因为特定技术并不能反映出地区创新需求或供给的全貌。这就为本研究对区域创新生态系统的需求与供给的理解提供了一个指向，也就是说，区域创新生态系统的需求与供给都要落在特定的空间范围内，从地区整体出发，使得需求与供给都要具备整体性和全部性等特征。

整体来看，当今世界正经历百年未有之大变局，新一轮科技革命和产业革命正在深入发展，由此引发了技术—经济范式的深刻变革，新旧技术—经济范式的交替更迭也能推动技术革命演化，从而深刻影响着一国或地区的技术需求。这不仅加剧了国家间的竞争，同时也为各个国家或地区的发展带来了新的机遇——增长动能被科技改变。因而应抢抓机遇，加大创新投入，转变发展方式，培育新的经济增长点。由此滋生了大量有利于在新一轮科技革命中抢占科技制高点的现实的技术需求或创新需求。因此，坚持需求导向、问题导向的创新更有利于聚焦难点、重点问题，这不仅对提升自主创新能力、破解"卡脖子"难题等具有积极作用，也能对优化科技资源配置等起到有益的影响。此外，受自然环境、社会环境等多种因素的共同影响，又使得对创新的需求变得更加多样化、复杂化。这些都决定了地区创新活动的开展必须源于需求但又远远超越需求，要更加侧重于描绘创新需求的未来愿景，更应当体现的是对创新需求的长期性和战略性的要求。马克思认为，人们的需要和满足需要的手段是一起发展起来的。作为需求的另一面，即供给，也应当围绕需求，采取一种有意义的创新（陈劲等，2019）。技术的发展、演进过程有其自身规律性，受很多外界因素的影响，因此，离开供给去谈需求也是不切合实际的。因而从区域整体上看，区域创新生态系统也应同时关注和强调创新的需求与供给，这双方的协调发展与科学互动有助于系统整体效能的发挥与提升。

基于以上分析，本书将区域创新生态系统解构为区域创新需求子系统和区域创新供给子系统。这就要求在构建和完善区域创新生态系统时，要从区域创新生态系统的供需两个子系统同时发力，加强区域创新需求子系统和区域创新供给子系统这两个子系统的协同与互动，这不仅能从整体上促进区域创新生态系统的发展，也能满足当前技术—经济范式深刻变革的迫切需要。

二 区域创新生态系统供需协同的理论解释

从经济发展的角度来看，供需双侧协同发力、有效耦合，才能共同促进经济发展（朱珍，2018），党的十九届五中全会提出加快形成新发展格局，这要求在供给侧改革的同时注重需求侧管理，通过需求侧管理与供给侧改革的协同，形成供需之间的动态匹配，从而实现畅通经济循环的目标（黄群慧、陈创练，2021）。其中，需求侧管理将总量作为其重要内容（曾宪奎，2021），供给侧强调社会生产（邱海平，2016）。供给侧改革就是通过采取相关措施，以实现经济社会的健康发展（改革开放以来供给侧改革与需求侧改革政策及其关系演进研究小组，2016），可以说，供给侧改革所关注的是如何生产出有效供给的问题。在整个经济系统中，供给侧和需求侧都是宏观调控的主要部分。

照此逻辑，在创新或科技创新领域，供需两侧间的协同与耦合也可以看作是该领域实现畅通循环的必然要求。因此，类似的，在整个区域创新生态系统之中，也必须将供需两个子系统结合起来考虑，通过二者有效互动，去关注并集中力量解决阻碍实现供需平衡与匹配的短板。当前所提出的坚持需求导向、问题导向的创新就是对创新供需两侧实现良好互动与协同的正确且有效的引导。因此，本书所关注的"区域创新生态系统供需协同"中的"供需协同"，并非简单地类似于商品市场上的那种供需问题，即不是与商品买卖相伴而生的供给与需求，而是如何能使地区生产出有效的创新成果从而与地区的创新需求形成良好的协同与互动。同样的，在区域创新需求子系统关注的是量的问题，区域创新供给子系统关注的是如何创新的问题，特别是在目前，根据国家知识产权局发布的《2019年中国专利调查报告》数据显示，当年有效发明专利实施率为49.4%，产业化率仅为32.9%，仍面临创新成果转化率低的重要问题，这在本质上与地区创新供给与需求匹配程度较低、有效创新供给较少密切相关，那么，现阶段，区域创新生态系统的供给子系统更应当关注的是如何才能形成有效创新供给的问题。从理论上看，如果区域创新需求子系统与区域创新供给子系统这二者能够形成良好的协同互动的关系，那么，区域创新生态系统也能够实现良性发展。

三 区域创新生态系统供需协同的概念框架

根据以上分析，本书将区域创新生态系统解构为区域创新需求子系统和区域创新供给子系统，这两个子系统之间的协同关系，即为本书关注的区域创新生态系统供需协同。进一步地，各个子系统内涉及的要素及要素间的关联、协同关系体现出了各个子系统的主要内容。同时，在系统协同中，各要素之间也并不是简单的组合，而是通过寻求最优组合以实现整个系统的协同效应（苏屹等，2016）。因此，两个子系统内要素的最优组合是本书所关注的主要内容。区域创新生态系统创新需求子系统和创新供给子系统协同的概念框架如图3.1所示。

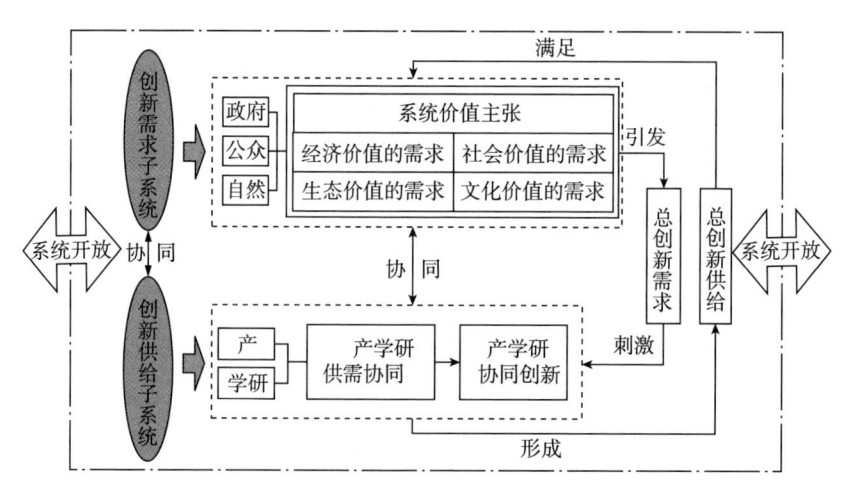

图 3.1 区域创新生态系统供需协同概念框架

1. 区域创新需求子系统

随着人们对科技与经济社会发展认识的不断深化，技术发展轨迹已经逐渐从由技术系统的内在因素决定转变为由技术与经济社会发展相互决定，并进一步发展到可以通过政策去加以选择，这使得人们可以依据对经济、科技、社会、自然、人类社会等相关需求的识别，通过技术预见对科技进行前瞻性布局，从而实现塑造或创造未来（杨捷、陈凯华，2021），这也正是对地区创新需求的长期性与战略性的体现。

一般地，从地区整体层面来看，不论是未来的技术需求还是当前的技术需求，都与构成地区社会技术环境的经济、社会、自然等地区环境因素密不可分（梁帅、李正风，2017）。这些环境因素不仅对区域创新生态系统的能力建设起重要作用（Lei 等，2019），还都可以看作是地区宏观层面的选择压力（汤书昆、李昂，2018），反映着区域创新生态系统的价值主张，影响着地区的创新需求，从而决定了地区的技术选择。有研究表明，当创新生态系统中创新产出与系统的价值主张能良好匹配时，就表明从最终消费者的角度来看实现了系统的目标或性能（Sepehr 等，2020），满足了系统的创新需求。地区的创新需求不仅应体现在对现在的创新需求上，还要反映对未来的创新需求，这些都可以落脚到对地区创新生态系统的系统价值主张的考察与衡量上。这也是区域创新生态系统创新需求子系统重点需要关注的主要内容。

随着经济实践和创新活动的不断推进，区域创新活动的影响因素在逐渐增多，螺旋创新驱动范式的演进精准地刻画了这一过程，这也使得区域创新生态系统的价值主张逐渐趋向于多元化发展。结合当前实践来看，"五螺旋"创新驱动范式中由政府、公众及自然环境所共同决定的系统价值主张主要可以源于以下几个方面（如图3.1所示）。首先，获取经济价值的需求。获取经济价值是创新活动开展的原始目标。"科技创新是第一生产力"的观点已然得到社会各界的广泛共识，随着知识经济时代的开启，进一步奠定了知识甚至科技创新在经济发展中的作用。创新或者科技创新成果一方面能在运用过程中，通过提高现实生产力，促进经济增长（徐辉、费忠华，2009），另一方面，当前以智能制造、互联网及信息技术等为基础的第四次工业革命使"大数据"、信息和知识等成为重要生产要素，并由此滋生出多种通用技术。伴随新技术产生，将促使新兴产业蓬勃发展，这又会对传统产业形成冲击。因此，出于新兴产业发展、传统产业转型升级等目的，会对相关的新知识、新技术产生需求，这将有助于地区在经济竞争中重塑发展优势、获取经济效益。其次，获取社会价值的需求。科技创新作为发展的重要力量，除了能带来巨大的经济价值外，还能够改变人类生活方式、推动社会进步（Singer、Marx，1994）。这既可以体现在科技创新成果的运用能生产出更多满足人们美好生活需求的产品，也可以体现在科技成果的运用有助于促进技术进步，使欠发达国家避免陷入"中等陷阱收入问题"之中（寇宏伟、陈章，2020），还可以体现在科技创新通过催生新的行业、产业发展以带动就业（柴国荣等，2010）等方面，这些对于一国或地区稳定民生意义重大。再次，获取生态价值的需求。随着人类生产生活水平、科学技术水平提升，在不断创造出美好生活的同时，也对生态环境带来了负面影响。特别是进入21世纪以来，资源约束趋紧、环境污染严重等问题已逐渐蔓延成为制约全球经济、社会可持续发展的关键因素，但可持续发展并不是要使发展完全摆脱对环境、资源等的依赖，而是要将发展保持在资源、环境可承载的限度之内的同时，又不使发展停滞（中国21世纪议程管理中心可持续发展战略研究组，2004），这就对科技创新提出了要求，即要以提升资源利用率、保护环境为内在要求，同时，地区资源优势的发挥及环境可承载力等都对地区经济和产业等的发展起促进或约束作用（裴耀琳、郭淑芬，2021），从而对结构转型和技术升级存在需求（上官绪明、葛斌华，2020），这也能对知识创新和科技创新活动的指向及开展产生影响。最后，获取文化价值的需求。创新在文化价值方面的要求主要体现在，科技创新既有助于新知识的产生和积累，能提升人们文化水平，还能通过科技创新的成功运用，在地区形成崇尚创新、勇于创新的文化氛围等方面。

2. 区域创新供给子系统

该子系统承担着为地区提供与系统价值主张相符的创新成果的主要任务。结合"五螺旋"创新驱动范式的构成要素，依据不同要素的主要功能或职能，区域创新生态系统创新供给子系统的主要组成要素应包括产业和学研两类，即企业、高校和科研院所这三种创新主体。一般地，高校和科研机构都承担着区域创新生态系统知识生产的重要职能，其中，高校既对地区创新生态系统的形成、发展、演化等具有重要作用（Zmiyak 等，2020），还对所在地区高技术企业的创新活动具有显著的促进作用（Anselin 等，1996）；科研机构作为地区知识创新活动开展的另一种重要主体，也是科技创新成果的主要提供者，其不仅是国家科技创新布局的基础，还肩负着为地区提供前沿性技术或基础性知识的重要任务（刘畅、李建华，2019）。企业则是一个综合性的知识处理系统，其核心动力在于内知识的储备与转化（王崇锋等，2019），能将知识等转变为现实的产品和现实的生产力，是知识等向商品转化，并促进产品商业化的关键场所。

区域创新供给子系统的构成要素决定其内含了知识创新和技术创新两大体系的互动。在这两大体系的互动中，企业和学研机构分别可以看作是技术、知识等的需求方和供给方。是反映在要素层面由创新主体间互动所体现出的一组供需协同关系。但长期以来，高校、科研机构和企业三方由于存在利益诉求等多方面的差异，三方创新活动孤岛化现象严重，使知识创新和技术创新两大体系间缺少衔接，这会对当前开展需求导向的创新产生不利的影响。因此，在区域创新供给子系统应当强调并关注产学研协同创新。究其原因：一方面，企业作为唯一与市场直接相关的创新主体，是地区创新需求的直接感知者，产学研三方协同创新模式，能为学研方形成明确的知识和技术创新的需求导向，从而可以围绕需求进行创新，是强化供需互动、协同的必然要求；另一方面，"知识"是能被交流和共享的经验和信息，是当今世界经济的关键资源，但受到资源相对稀缺的影响，任何组织或个人都不可能拥有全部的知识，或有能力进行全部的知识创新或科学发现活动，因此基于合作实现知识转移，通过知识整合并在此基础上形成新的知识，成为产、学、研三方需要关注的问题。且这一点对隐性知识尤为重要。在协作系统中，知识的共享和利用会带来新的价值和创新（Olaisen、Revang，2017），技术创新的本质就是运用知识创造新知识的过程，是在显性知识和隐性知识相互作用下螺旋上升的过程（Nonaka，1994）。产学研三方实施协同创新则能有效促进企业与学研间的信息流动和隐性知识传播，为知识创新、技术创新等活动提供保障（王海军等，2018）。

因此，当考察区域创新生态系统供需协同时，产学研协同创新是创新供给子系统的主要内容，这不仅是基于系统要素功能所考虑的要素协同，也是对区域创新生态系统对创新供给子系统如何能生产出有效创新供给以满足地区系统价值主张这一问题的考虑与回应，同时也代表了区域创新生态系统创新供给子系统中各类要素的最优组合方式。

综上所述，基于创新生态系统要素及其功能特点，从系统要素、子系统所具有的协同关系看，图 3.1 所示的区域创新生态系统供需协同概念框架中详细描绘了区域创新生态系统的创新需求子系统和创新供给子系统之间的互动与协同关系：在"创新需求子系统→创新供给子系统"的过程中，遵循需求引发动机、动机导致行为的逻辑，地区以获取经济价值、社会价值、文化价值、生态价值等作为系统价值主张，并引发地区特定的总创新需求，从而进一步刺激产学研三方围绕需求开展相应的知识创新、技术创新活动；在"创新供给子系统→创新需求子系统"的关系中，产学研三方以协同创新的模式开展创新活动提供总创新供给，用以满足系统各类要素所共同反应和决定的地区在经济发展、稳定民生、可持续发展等方面的系统价值主张。由此可见，区域创新生态系统供需协同最终反映在产学研协同创新与地区的各类宏观环境因素所共同体现的各类型系统价值主张是否能够保持良好的协同关系上。

四 关键协同关系识别

从以上对区域创新生态系统供需两个子系统协同的分析中，结合图 3.1 可以看出，系统供需是否协同取决于该系统产学研三方协同创新能否与系统各要素所影响产生的系统价值主张是否保持了良好的互动关系。这属于系统供需协同所体现出的子系统的协同问题。同时，在系统创新供给子系统中，产学研三方创新主体协同创新是该子系统的主要内容，是基于要素功能及要素最优组合所考虑的反映在系统要素层上的一组协同关系。在创新需求子系统中，也包含了各类要素的互动与协同，但该子系统主要反映的是不同要素相互作用的结果，最终表现为系统的价值主张。

因此，在本研究所关注的区域创新生态系统供需协同中，实质上自上而下地包含了两个层次的关键协同关系：一个层次是子系统间的供需协同，即区域创新需求子系统与区域创新供给子系统之间的子系统的供需协同，是反映在子系统层次的一组最优组合关系；另一个层次是创新供给子系统中的产学研之间的供需协同，可以用产学研协同创新去反映，体现的是基于对各类要素功能所考虑的要素层面的各类创新主体间的最优组合关系。如图 3.2 所示。那么，自下而上地看，如果地区产学研保持良好的协同创新局面，则区域创新供给子系统也可能与地区创新需求子系统所决定的系统价值主张保持良好的协同，代表着区域创新需求子系统和区域创新供给子系统之间也可能形成良好的协同关系，从而使得区域创新生态系统供需协同水平较高，反之，如果地区产学研协同创新受阻，就会增大创新供给子系统与地区系统价值主张保持协同关系的难度，此时区域创新生态系统供需协同水平可能较低。由此可见，这两个层次的协同关系决定着整个系统的供需协同。

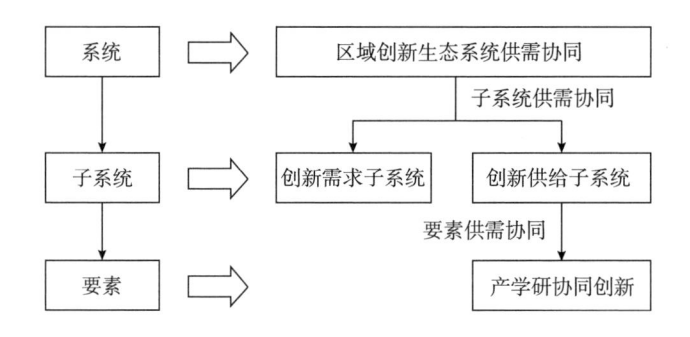

```
系统     ⇒     区域创新生态系统供需协同
                           │
                    子系统供需协同
                    ↙           ↘
子系统    ⇒    创新需求子系统    创新供给子系统
                           │
                    要素供需协同
要素     ⇒              产学研协同创新
```

图 3.2　关键协同关系

五　区域创新生态系统供需协同演化

从系统的角度来看，动态性是区域创新生态系统的基本特征之一，这一特征使得系统处在不断的动态演化过程中。本节基于两个层次的关键协同关系，从动态演化的视角，进一步在理论层面上分析区域创新生态系统供需两个子系统的协同演化过程。

在区域创新需求和供给两个子系统的相互作用上，如图 3.3 所示，假设 T_0 时期地区创新需求子系统所反映的系统价值主张发生改变，这时，受系统自组织作用的影响，创新供给子系统中产、学、研三类创新主体会在区域创新生态系统的价值主张引导下，不断深化合作协同创新，增强知识体系与创新体系互动，围绕地区系统价值主张开展创新活动，在此过程中创新供给子系统的产学研协同创新关系逐渐加强，达到 T_1 时期状态。与此同时，不仅产学研协同创新水平不断提升，区域创新生态系统供需协同水平也会不断提高。

受 T_0-T_1 时期区域创新需求子系统和区域创新供给子系统协同水平不断提升的影响，产、学、研三方可以在知识及创新成果的转移过程中实现与创新相关的生产资料、消费资料等的积累与增殖，能为知识创新、技术创新活动开展追加生产资料和消费资料，这是创新领域扩大再生产的重要前提，有利于激发高校、科研机构、企业所代表的知识体系与技术创新体系互动，从而进一步加强产学研

第三章　区域创新生态系统供需协同概念框架与实证测度

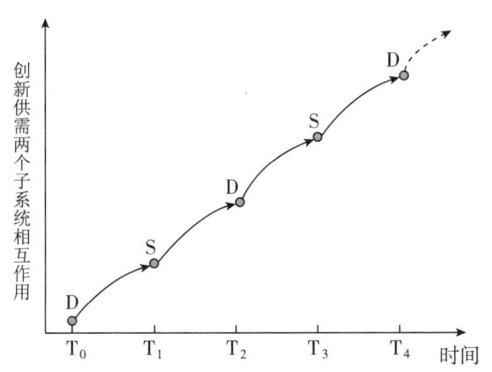

图 3.3　区域创新生态系统供需两个子系统演化趋势

注：图中 D 和 S 分别代表区域创新生态系统的区域创新需求子系统和创新供给子系统。

融合、深化产学研合作，有助于为地区带来更多创新产出。但在此过程中，系统原有的价值主张会使创新成果可能产生的社会生产潜力难以实现，区域创新生态系统供需协同水平会呈现下降的趋势。因此，在系统自组织作用下，引导系统价值主张变更，成为地区创新生态系统供需两个子系统实现协同发展需要重点考虑的问题，在这一过程中，创新需求子系统所反映的系统价值主张将实现升级，达到 T_2 时期的状态，同时，伴随系统价值主张变更，区域创新生态系统供需协同水平也会不断提高。

受 T_1-T_2 时期的影响，地区创新生态系统的价值主张逐渐产生变化，但受产、学、研三方以往知识积累、创新扩散、利益诉求等方面的多种因素影响，三者间的协同创新关系不会立时改变，这又会使得创新供给子系统三方协同创新模式的变化相对于地区的系统价值主张的变更产生滞后，造成区域创新供需协同水平会降低。此时，得益于系统自组织性的影响，产、学、研三类创新主体又会在区域创新生态系统价值主张指引下，再次深化合作，达到 T_3 时期的状态，在此过程中，创新供给子系统又以实现地区系统价值主张为目标开展创新活动，有助于使区域创新生态系统供需协同水平不断提升。

以后各时期供需两个子系统的互动关系及演化趋势以此类推。可以看出，区域创新生态系统的创新需求子系统与创新供给子系统二者间的变化相互依存、互为前提，整体上呈现出交替上升、螺旋发展的态势。区域创新生态系统供需两个子系统在系统自组织作用下，双方在不断相互促进、彼此影响的过程中实现协同演化，并推动系统发展。如图3.4所示。

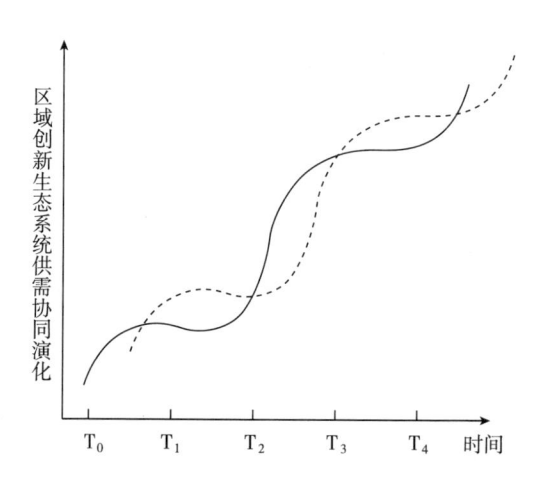

图 3.4　区域创新生态系统供需协同演化

注：图中虚线和实线分别代表区域创新需求子系统和区域创新供给子系统的演化轨迹。

此外，根据以上分析可以看出，在系统自组织作用下，区域创新生态系统供需两个子系统中的某一子系统发生变化，会促使另一子系统也随之变化，但这种变化往往具有滞后性，这一方面体现在两个子系统的发展可能会存在时间上的先后（见图3.4），另一方面，则体现在伴随创新供需两个子系统的协同演化，区域创新生态系统供需协同水平将呈现出波浪式的变动规律（见图3.5）。因此，为提升区域创新生态系统供需协同水平、促进系统供需协同发展，明确当前系统整体的协同水平处于何种状态、供需两个子系统的哪一方是阻碍系统协同发展的短板等问题，对于有针对性地采取有效措施促进系统供需协同发展具有重要意义。

图 3.5　区域创新生态系统供需协同水平变化

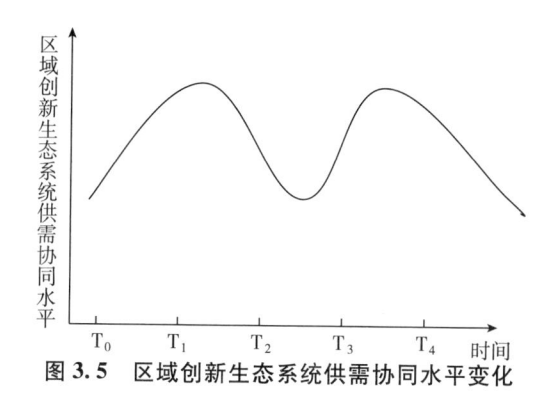

第三节　区域创新生态系统供需协同指数构建逻辑及指标选取

基于以上分析，进一步构建区域创新生态系统供需协同指数评价指标体系，用于考察系统供需协同水平，构建逻辑如下：首先，区域创新生态系统供需协同本质上体现在区域创新供给子系统与创新需求子系统的协同上，因此系统供需协同指数也以这两个子系统的协同水平去表征；其次，在区域创新需求子系统和创新供给子系统相关内容的表征上，根据上文分析，创新需求子系统主要反映的是区域系统价值主张的总和，是对创新需求的战略价值量的衡量，也是创新需求子系统对量的关注的体现，可以看作是区域创新需求水平，在区域创新供给子系统，主要指产学研三方协同创新，即对三方协同创新水平的衡量，这一方面是因为产学研三方协同既是通过对区域创新生态系统供需协同的理论框架分析所得出的结论，是对创新供给子系统所应关注如何创新的反映，另一方面，则是基于创新链与价值链的考虑，通过三方主体协作，能为地区提供满足地区创新需求的创新供给，可以代表与地区创新需求水平相适应的区域创新供给能力。因此，该指数大小所反映的是系统产学研协同所表征的地区创新供给能力与地区创新需求水平的协同水平。区域创新生态系统供需协同指数构建逻辑如图 3.6 所示。

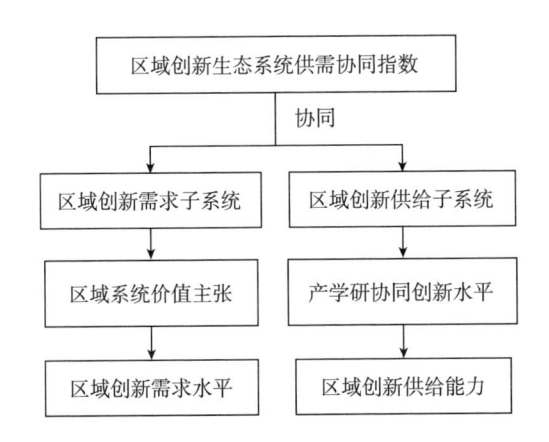

图 3.6　区域创新生态系统供需协同指数构建逻辑

1. 区域创新需求水平衡量指标选取

对于地区创新需求水平的测度相对较难。就现有研究成果来看，直接考察创新需求水平的文献相对较少，例如汤书昆和李昂（2018）的研究中明确采用风险投资成交额、企业层面的技术吸收及创新所需天数三项指标用于反映创新需求，但这项研究同时指出，选取的这三项指标侧重于体现经济发展中创新带来的活力，与本研究中创新需求水平的内涵有一定差别；也有文献基于特定产业或行业考察技术需求（陈雄等，2020），但这类研究多采用定性分析方法，且单个产业或行业的需求也难以反映整个地区的技术需求水平；此外，与创新需求相近的研究还集中在科技成果转化的问题上，现有研究对科技成果转化的表征多用许可协议、许可收入、技术转让、技术市场成交额、GDP、新产品销售收入等指标（Curi, 2012；Kim, 2013；严威等，2014），但这些指标多集中在创新成果的经济价值上，难以全面反映出"五螺旋"创驱动范式下由各类要素所共同决定形成的多元化的系统价值主张，且这些指标衡量的是已经形成的价值量，不能准确反映科技成果等未来的战略价值，也与本研究存在一定差异。

换一种思路去衡量地区创新需求水平。由于本书所考虑的创新需求水平是对地区的系统价值主张的综合反映，根据马克思主义的供给需求理论，价格是价值的货币体现，有支付能力的需求才是有效需求，支付能力是满足供给需求平衡的保障。因此，受该理论的启发，对于创新需求水平所反映的系统价值主张的测度也可借助货币量的形式去衡量。根据现有研究结论，创新大致可分为三个阶段，第一阶段是研发阶段或新技术孵化阶段，侧重技术等的研发，第二阶段是成果转化阶段，关注的是技术作为商品在技术市场进行交易的过程，第三阶段是成果的市场化应用阶段，强调的是新技术的产业化过程（李俊霞、温小霓，2020）。在第一阶段，研发或新技术孵化所需的资金量较大，该阶段的资金一方面来源于企业、学研等的自有资金，另一方面，则是由于这一阶段创新活动风险较高，政府会通过向相关的产、学、研机构提供资金支持以促使创新活动开展；第二阶段，技术供求双方以约定价格进行转让，资金来源主要是技术需求方；第三阶段，新技术逐步发展为高技术产业，属于科技创业阶段，这一阶段主要依靠的是资本市场的支持（李俊霞、温小霓，2020），风险资本在其中起到关键作用（洪银兴，2018）。据此，可以看出，在创新的全过程中，创新的资金来源主要有政府、企业、高校、科研机构、技术市场及资本市场。因此，结合指标合理性、数据可得性等基本原则，最终选取高技术企业、科研机构、高校、政府的科研经费投入、技术市场成交额以及风险资本投入去衡量地区创新需求水平（见表3.2）。这样做的原因主要有：一是这些指标分别在科技创新的各个阶段反映出地区对创新的需求水平，一定程度上是经济、社会、生态、政治等系统价值主张的综合体现；二是这些指标以货币形式衡量了地区创新价值主张中所包含在各个阶段的科技创新价值的大小，其中，政府、学研等的投入及其投向的领域能直接反应出与地区系统价值主张相应的创新需求，技术合同本身在研发内容的特定性、目的性（例如该项技术所需完成的经济、社会、生态等目标）等方面有具体要求，因此，不必了解技术合同本身，合同金额就能反映出与该技术有关的所有信息及该项技术的价值（胡凯等，2012），地区创业风险投资强度则体现了地区在科技成果产业化阶段的投资力度，且其包含的价值的大小能反映地区对相应技术的支付能力，特别是创业风险投资关注的长期投资理念（Kaplan、Stromberg，2001），也与本研究所强调的创新需求所体现的长期性与战略性相吻合。这三项指标都是以货币形式表征的有效需求，既与马克思主义的供求理论相契合，也类似于哈耶克（2003）曾提出的"市场中的价格包含了与供求有关的所有信息"。

2. 区域创新供给能力衡量指标选取

由于区域创新供给能力主要由产学研协同创新水平去反映，因此，需要考虑如何去表征产学研协同创新水平。根据现有研究，在地区创新水平的衡量上，现有研究通常采用论文数、专利数、著作数等去表征，其中专利是一个地区科技资产最核心及最富经济价值的部分（桌乘风、邓峰，2017），专利信息承载技术创新与产业变革的信息资源（杨曦、余翔，2020）。专利大体上可被划分为发明专利、实用新型专利和外观设计专利三种，但相较于后两者，发明专利包含的科技信息更多，且用发明专利代表地区创新水平也是大量研究文献的常用做法（Hashmi，2013；张杰等，2016）。但发明专利的绝对数量忽略了对三方创新主体间合作关系的考察，与本书所强调的产学研协同创新关系有所不同。因此，在地区创新供给能力的表征上，以地区发明专利申请人类型为依据，即企业、高校还是科研机构，将发明专利进行分类，同时借助测度三螺旋协同水平的信息熵方法计算得出区域创新供给能力。此外，产学研协同创新有助于降低创新活动的风险与不确定性，因而该项指标也能在一定程度上体现出地区的有效创新供给水平，这也与对创新需求水平所衡量的有效需求相对应。

表 3.2　区域创新生态系统供需协同指数评价指标体系①

一级指标	二级指标	三级指标	单位
区域创新生态系统供需协同指数	创新供给能力	以发明专利衡量的产学研协同创新水平	mbits
	创新需求水平	政府科技支出占政府一般财政支出比重	%
		高技术企业研发投入	万元
		科研机构研发投入	万元
		高校研发投入	万元
		技术合同金额（技术流向地域）	万元
		创业风险投资强度	百万元/项

第四节　中国 30 个省份创新生态系统供需协同指数评价

区域是一个相对宽泛的空间概念。已有研究认为，以国家次一级的区域尺度作为创新系统研究的地域边界，其重要性正在不断提升（Fischer，2001）。因此，本书认为，省、州一级的行政单元亦是研究区域创新生态系统较为合适的空间尺度。在以中国为研究对象进行分析时，以省域为边界开展相关研究。

一　评价方法

中国 30 个省份创新生态系统供需协同指数的测算主要包括创新供给能力测度、创新需求水平测度及二者协同水平测度，涉及的计算方法有：

---

① 由于统计年鉴中的高技术企业研发投入中包括了来源于政府的资金，科研机构和高校研发投入中同时包括了来源于政府和企业两个渠道的资金，为防止重复计算，在高技术企业研发投入中减去来源于政府的资金，相应的，在科研机构和高校研发投入中，减去来源于政府和企业的资金。

1. 信息熵方法

该方法用于测度创新供给能力（U_{ijk}），即产学研协同创新水平。三螺旋理论提出者 Leydesdorff（1995）认为信息熵方法可用于计算三螺旋协同水平。该方法将创新主体间的互动关系作为相互信息来理解和计算，有助于降低由产学研组成的系统层面的不确定性，是衡量协同效应的一种较好的方法（Ivanova，2019），减少的不确定性就可以看作是反映创新主体间协同水平的指标。计算公式为：

$$U_{ij} = H_i + H_j - H_{ij} \tag{3.1}$$

$$U_{ijk} = H_i + H_j + H_k - H_{ij} - H_{ik} - H_{jk} + H_{ijk} \tag{3.2}$$

其中，i、j、k 分别代表企业、大学或科研机构，即 I、U 或 R，U_{ij}、U_{ijk} 分别代表产学研中双边或三边的协同水平。在等式（3.1）和（3.2）中：

$$H_i = -\sum_i P_i \log_2 P_i, \quad H_{ij} = -\sum_i \sum_j P_{ij} \log_2 P_{ij}, \quad H_{ijk} = -\sum_i \sum_j \sum_k P_{ijk} \log_2 P_{ijk} \tag{3.3}$$

（3.3）式所计算的二维信息熵和三维信息熵可以进一步写为：

$$H_{ij} = -\sum_0^1 \sum_0^1 P_{ij} \log_2 P_{ij} = -P_{10} \log_2 P_{10} - P_{01} \log_2 P_{01} - P_{11} \log_2 P_{11} - P_{00} \log_2 P_{00} \tag{3.4}$$

$$H_{ijk} = -\sum_0^1 \sum_0^1 \sum_0^1 P_{ijk} \log_2 P_{ijk} = -P_{100} \log_2 P_{100} - P_{010} \log_2 P_{010} - P_{001} \log_2 P_{001} - P_{110} \log_2 P_{110} - P_{101} \log_2 P_{101} - P_{111} \log_2 P_{111} \tag{3.5}$$

其中，0 和 1 分别代表产、学、研三方参与或不参与协同创新。在式（3.3）-（3.5）中，P_i、P_{ij} 和 P_{ijk} 分别表示在产学研协同中由单边主体创新、双边或三边主体协同创新的随机事件概率，即：

$$P_i = \frac{n_i}{N}, \quad P_{ij} = \frac{n_{ij}}{N}, \quad P_{ijk} = \frac{n_{ijk}}{N} \tag{3.6}$$

采用信息熵方法进行计算时，在通常情况下，式（3.1）计算结果为正，即二者间相互信息计算结果为正，且该项指标为正向指标,即 U_{ij} 越大,二者协同创新水平越高;式(3.2)计算结果为负,及三者间相互信息计算结果为负,且该项指标为负向指标,即 U_{ijk} 越大,三者协同创新水平越低。U_{ijk} 即为创新供给能力。

2. 熵值法

该方法用于测度各省份创新需求水平(U)。首先对表3.2中创新需求子系统下包含的各项指标进行标准化,然后采用熵值法确定各指标权重,最后运用线性加权法将各项指标合成各省份创新需求水平。

3. 耦合协同度模型

该方法用于测度各省份创新生态系统供需协同指数。由于协同本质上是一种关系的体现,具有力学性质,因此,本研究借鉴物理学中耦合协同模型进行测度,用于表示区域创新生态系统的供需协同水平。计算公式如下:

$$C=\frac{2\sqrt{U_{ijk}\times U}}{U_{ijk}+U}, \quad T=\beta_1 U_{ijk}+\beta_2 U, \quad D=\sqrt{C\times T} \tag{3.7}$$

式(3.7)中,U_{ijk} 和 U 分别代表对创新需求水平和创新供给能力测度结果进行标准化后的值,C 为耦合度,T 为调和指数,D 即为区域创新生态系统供需协同指数。当区域创新供给能力与创新需求水平二者之间的协同水平较高时,D 值较大,反之,整个区域创新生态系统供需协同水平较低,此时 D 值较小。β_1、β_2 分别为区域创新生态系统供需协同指数中创新供给能力与创新需求水平所占权重,本研究视二者为同等地位,故取 $\beta_1=\beta_2=0.5$。参考现有研究成果,并结合本研究测度结果,对 D 的取值范围进行划分,划分结果及各区间含义如表3.3所示。同时,本书还对 U_{ijk} 和 U 二者间的关系进行考察,以明确各省份在既定创新生态系统供需协同水平下在供需两侧的短板,这能为各省份有针对性地促进供需两侧互动、提升系统供需协同水平提供依据。

表 3.3　区域创新生态系统供需协同指数阶段划分

所处阶段	D 值范围	细分时期	U_{ijk} 和 U 的关系
协调阶段 （0.6≤D≤1）	0.8≤D≤1	高级协调时期	$U_{ijk}>U$，代表区域创新供给能力超前于创新需求水平； $U_{ijk}<U$，代表区域创新供给能力滞后于创新需求水平； $\|U_{ijk}-U\|<0.01$，代表区域创新供给能力同步于创新需求水平。
协调阶段 （0.6≤D≤1）	0.7≤D<0.8	中级协调时期	
协调阶段 （0.6≤D≤1）	0.6≤D<0.7	初级协调时期	
过渡阶段 （0.4≤D<0.6）	0.5≤D<0.6	协同过渡时期	
过渡阶段 （0.4≤D<0.6）	0.4≤D<0.5	失调过渡时期	
失调阶段 （0≤D<0.4）	0.3≤D<0.4	轻度失调时期	
失调阶段 （0≤D<0.4）	0.2≤D<0.3	中度失调时期	
失调阶段 （0≤D<0.4）	0≤D<0.2	严重失调时期	

此外，在对相关指标进行标准化处理时，考虑到信息熵方法测度得出的创新供给能力为负向指标，还需对其正向化处理，同时，为了使创新供给能力测度值标准化后不出现 0，对不同类型指标的分别采用如下方式进行标准化：

负向指标：$X_i = \dfrac{\max x_i - x_i}{\max x_i - \min x_i} \times 0.99 + 0.01$ 　　（3.8）

正向指标：$X_i = \dfrac{x_i - \min x_i}{\max x_i - \min x_i} \times 0.99 + 0.01$ 　　（3.9）

式（3.8）和（3.9）中，x_i 表示指标 i 原始值，X_i 表示指标 i 标准化处理后的值，$\max x_i$、$\min x_i$ 分别表示指标 i 的最大值、最小值。标准化后，$X_i \in [0.01, 1]$。

需要重点说明的是，由于区域创新生态系统供需协同演化是创新需求子系统与创新供给子系统在相互作用、相互影响下推动系统供需两侧螺旋式上升的过程，这也使得系统供需协同水平整体上呈现出波浪式变化的特点。也就是说，如果某地创新需求水平和创新供给能力都较高，那么区域创新生态系统供需之间可以保持较高的协同水平，若某地创新需求水平和创新供给能力都较低，二者间也可能会保持较高的协同水平。但可以看出，前者相对后者，区域创新生态系统供需两个子系统处在系统整体效能更高的状态。这一点也能从图 3.4 和 3.5 中反映出来，即 T_2 时期相对于 T_1 的关系。此外，根据 U_{ijk} 和 U 关系的判定结果，对于供需两个子系统同步发展的省份，不断强化创新需求水平和创新供给能力的相互作用、促进二者协同提升，是系统发展应关注的主要问题，对于供需两个子系统发展不同步的省份，从供需两侧补短板是系统供需两侧加强协同关系、促进发展的关键。

4. 复合系统协同度模型

本书使用该方法测度区域创新生态系统供需两侧跨期的协同演化运行状态，是一种融合了演化趋势的测度方法。假设 t_0 为初始时期，相对应的创新需求水平与创新供给能力分别为 U_{ijk}^0 和 U^0，t_1 为系统发展中的另一时刻，相对应的创新需求水平与创新供给能力分别为 U_{ijk}^1 和 U^1。设系统整体协同度为 S，则：

$$S = \theta \times \sqrt{(|U_{ijk}^1 - U^1| \times |U_{ijk}^0 - U^0|)} \quad (3.10)$$

$$\theta = \begin{cases} 1, & U_{ijk}^1 - U_{ijk}^0 > 0 \text{ 且 } U^1 - U^0 > 0 \\ -1, & \text{其他} \end{cases} \quad (3.11)$$

根据式（3.10）和（3.11）的测度结果，当 $-1 \leqslant S \leqslant 0$ 时，系统供需两侧呈现非协同演变的状态，当 $S > 0$ 时，系统供需两侧呈现协同演变的状态，计算结果体现的是 t_1 时期相对于 t_0 时期，整个系统运行状态的变化趋势。

二 数据来源及处理

创新供给能力计算中所采用的发明专利相关数据资料来源于国家知识产权局专利数据库中的发明专利数据库，考虑到发明专利自申请日起 18 个月予以公开，本书将 2009—2018 年作为研究窗口期，以专利申请人为划分依据，分别统计中国 30 个省份在研究窗口期内企业（I）、高校（U）、科研机构（R）三方中，由单边（I、U、R）独自研发、双边（IU、IR、UR）及三边（IUR）合作研发的发明专利数量。统计过程中，参考现有文献的做法，将申请人名称中带有"公司""集团"或"厂"的发明专利划入企业，带有"大学"或

"学院"的发明专利划入高校，带有"研究院""研究所"或"研究中心"等字眼发明专利划入科研机构。研究期内各省份由产、学、研单边、双边或三边合作研发的发明专利占总数之比的结果如表3.4所示。可以看出，研究窗口期内，在由三方主体单边发明专利数方面，就全国整体来看，企业已经是发明专利供给最大的主体，其次是高校，科研机构发明专利相对较少。具体到各省份，除吉林、黑龙江、海南、陕西和甘肃五省企业发明专利数不足地区总数的50%外，其余省份由企业单独申请的发明专利数在各省份所有发明专利数中均占比最大，且都超过地区总数的50%。特别是安徽和广东两省，企业发明专利数占到地区总数的近90%，企业研发活动开展旺盛。在由三方主体双边和三边合作研发方面，统计结果显示，除北京、内蒙古、山东、广东、海南、云南、甘肃、青海、宁夏和新疆等十个省份，由双边或三边合作的发明专利数占比总体上表现为"产研>产学>学研>产学研"外，其余省份均表现为"产学>产研>学研>产学研"的规律特征，且合作发明专利总体相较各类主体单独研发的发明专利占比明显较小。由此可见，考察期内，中国30个省份产学研合作研发力度仍然较弱，三方在创新合作上呈现明显的碎片化、孤岛化特征，这在很大程度限制了各省份创新能力的提升，难以为地区提供能满足创新需求的创新成果。在统计结果的基础上，运用信息熵方法计算，得出产学研协同创新水平，用以表示创新供给能力。创新需求水平中选取的三项指标数据分别来源于对应年份的《中国创业风险投资发展报告》《中国统计年鉴》及《中国科技统计年鉴》。

表3.4 各省份产学研单边研发、双边及三边合作研发情况统计 单位:%

省 份	I	U	R	IU	IR	UR	IUR
北 京	59.40	16.55	13.76	1.80	7.72	0.35	0.43
天 津	72.51	21.58	4.54	0.67	0.57	0.09	0.05
河 北	67.71	23.28	6.43	1.20	1.02	0.30	0.06
山 西	54.29	31.80	10.29	1.75	1.61	0.23	0.03

续表

省　份	I	U	R	IU	IR	UR	IUR
内蒙古	67.50	21.07	7.07	1.48	2.16	0.41	0.30
辽　宁	54.86	32.76	10.41	1.00	0.71	0.13	0.12
吉　林	30.74	48.13	18.93	1.08	0.81	0.18	0.14
黑龙江	42.58	50.71	5.61	0.58	0.30	0.19	0.03
上　海	69.39	20.54	7.38	1.58	0.84	0.26	0.03
江　苏	80.09	16.00	2.32	0.83	0.53	0.16	0.06
浙　江	76.03	19.66	2.89	0.89	0.37	0.12	0.05
安　徽	89.42	7.77	2.18	0.33	0.25	0.04	0.01
福　建	72.49	21.04	4.88	0.90	0.49	0.16	0.05
江　西	60.36	32.26	4.45	1.48	1.28	0.08	0.09
山　东	74.26	18.35	5.13	0.88	1.20	0.12	0.04
河　南	70.04	24.19	3.93	0.82	0.77	0.13	0.12
湖　北	61.97	30.49	5.11	1.49	0.56	0.32	0.07
湖　南	65.74	29.62	2.62	1.30	0.41	0.25	0.06
广　东	87.29	7.72	2.90	0.83	0.89	0.30	0.08
广　西	68.97	24.28	5.51	0.63	0.37	0.21	0.02
海　南	49.50	24.40	22.52	1.27	1.30	0.87	0.15
重　庆	75.84	19.16	3.22	0.94	0.47	0.28	0.10
四　川	74.08	18.04	6.43	0.83	0.36	0.21	0.04
贵　州	77.54	15.09	5.32	1.15	0.66	0.19	0.04
云　南	51.94	30.32	12.80	1.50	2.74	0.58	0.12
陕　西	47.63	41.50	8.89	1.19	0.29	0.43	0.08
甘　肃	43.32	28.98	23.62	1.35	1.97	0.38	0.38
青　海	59.53	8.55	25.59	0.89	3.47	0.62	1.34
宁　夏	83.33	10.66	3.70	0.60	1.23	0.37	0.11
新　疆	57.89	20.48	17.25	1.32	2.23	0.51	0.33

三　中国30个省份创新生态系统供需协同指数评价结果

为全面了解研究期内各省份创新生态系统供需协同所涉及的两组关键协同关系的实际情况，本书首先从产学研协同所表示的区域创新供给能力及创新供给能力与创新需求水平协同所表示区域创新生态系统供需协同指数两个方面对评价结果进行分析。

(一) 区域创新生态系统创新供给能力评价结果分析

各省份代表性年份的产学研协同创新水平的测度结果如表3.5所示。从表中可以看出，在2009—2018年10年间，只有海南与江西两个省份三维信息转换量的平均变化率为正，即三维信息转换量在2018年相较2009年有所下降，产学研三方合作趋于紧密，协同创新水平得到提升，其余28个省份三维信息转换量的平均变化率均为负，产学研三方合作在研究期的10年间趋于松散，协同创新水平有所下降。其中，辽宁、安徽和宁夏三省份的平均变化率甚至达到-10%以上，表明产学研协同创新能力上有较大幅度减弱。意味着研究期内，绝大多数省份产学研合作关系有所恶化，创新生态系统的创新供给能力普遍降低，这会加大创新活动的风险与不确定性，需要给予重点关注。

此外，根据各省份均值排名可以看出，排名前8的分别是吉林、甘肃、海南、云南、新疆、山西、辽宁和陕西，整体来看，这些省份虽然发明专利的总数相对较少，但产学研协同创新水平却较高，这能大大降低地区创新活动的不确定性，有利于为地区提供更多与系统价值主张相符合的创新供给，反观分列第9和第10位的北京与上海，以及排在25位之后的浙江、广东、江苏、安徽等省份，这些省份虽然在发明专利的总量上占有绝对优势，但产学研三方协同创新水平却较低，这会使地区创新活动风险加大，较难为地区提供与地区价值主张吻合程度较高的创新供给，不利于地区创新供需的协同。

表3.5　　代表性年份各省份创新供给能力测度结果汇总　　单位：mbits

省　份	2009	2012	2015	2018	平均变化率（%）	均值	均值排名
吉　林	-389.42	-365.91	-325.96	-262.27	-3.88	-337.14	1
甘　肃	-387.78	-344.76	-285.58	-284.52	-3.05	-333.50	2
海　南	-160.54	-253.64	-322.12	-349.28	8.08	-280.29	3

续表

省份	2009	2012	2015	2018	平均变化率（%）	均值	均值排名
云　南	-344.08	-274.61	-249.32	-291.75	-1.64	-272.58	4
新　疆	-333.18	-261.15	-257.39	-241.61	-3.16	-271.50	5
山　西	-243.81	-241.47	-254.01	-201.18	-1.90	-248.22	6
辽　宁	-323.96	-225.97	-316.38	-112.90	-10.00	-247.57	7
陕　西	-257.91	-228.53	-290.79	-175.70	-3.77	-239.95	8
北　京	-255.86	-237.27	-135.31	-218.62	-1.56	-197.63	9
上　海	-206.21	-202.24	-191.70	-162.56	-2.35	-192.99	10
黑龙江	-214.34	-200.92	-163.45	-164.05	-2.64	-192.25	11
四　川	-240.57	-208.08	-165.49	-169.82	-3.42	-188.46	12
广　西	-203.72	-196.69	-154.04	-185.62	-0.93	-187.99	13
河　北	-220.41	-184.90	-184.89	-140.75	-4.39	-185.87	14
湖　北	-213.10	-190.39	-161.87	-119.54	-5.62	-179.23	15
福　建	-193.32	-175.71	-155.49	-124.62	-4.30	-164.29	16
内蒙古	-152.11	-141.35	-182.05	-116.42	-2.64	-148.40	17
天　津	-225.12	-149.22	-117.19	-170.26	-2.75	-163.95	18
山　东	-214.11	-148.27	-133.81	-165.09	-2.57	-160.07	19
江　西	-138.13	-144.91	-185.26	-159.54	1.45	-147.58	20
河　南	-195.06	-168.48	-149.79	-80.25	-8.50	-145.57	21
贵　州	-163.05	-152.57	-134.79	-114.37	-3.48	-144.45	22
重　庆	-140.65	-171.19	-53.92	-105.42	-2.84	-127.57	23
宁　夏	-306.48	-76.72	-38.53	-82.76	-12.27	-122.26	24
浙　江	-129.31	-128.34	-105.86	-67.49	-6.30	-116.14	25
湖　南	-143.40	-93.10	-114.21	-90.17	-4.53	-106.39	26
安　徽	-221.15	-108.51	-71.15	-42.38	-15.23	-103.82	27
江　苏	-104.24	-83.98	-88.81	-65.08	-4.60	-84.34	28
广　东	-70.14	-69.16	-54.17	-58.91	-1.73	-65.55	29
青　海	-191.23	183.61	-47.41	-154.69	-2.10	-44.30	30

（二）区域创新生态系统供需协同指数评价结果分析

表3.6汇总了2009—2018年代表性年份各省份区域创新生态系统供需协同指数的测度结果及全国平均水平。结果显示，就全国平均水平来看，研究期内，创新生态系统供需协同指数下降了0.53个

百分点，创新供给能力和创新需求水平二者间协同水平有所降低，需要引起关注。具体到各省份，与 2009 年相比，2018 年，北京、上海、陕西、辽宁、山东、四川等共计 21 个省份的创新供给能力和创新需求水平的协同水平有所下降，表明多数省份创新生态系统供需两侧的协同关系趋于恶化，不利于系统供需两侧协同发展，其余 9 个省份创新供给能力与创新需求水平二者间的协同水平有所提升。表中各省份在研究期内均值还可大致看出各省份创新生态系统供需协同水平所处阶段。但其中，上海、辽宁、湖北、江苏、天津等省份，它们在 2018 年的创新生态系统供需协同指数不仅明显低于研究期内的平均值，且已退步至更不协调的阶段，区域创新生态系统供需两侧的协同问题需要引起关注，并防止进一步恶化。

表 3.6　代表性年份各省份创新生态系统供需协同指数测度结果

省份	2009	2012	2015	2018	平均变化率（%）	均值	排名	细分时期
北京	0.84	0.89	0.72	0.80	-0.45	0.79	1	中级协调
上海	0.63	0.71	0.64	0.59	-0.68	0.64	2	初级协调
陕西	0.58	0.61	0.62	0.55	-0.61	0.59	3	
辽宁	0.61	0.60	0.62	0.42	-3.97	0.56	4	
山东	0.58	0.63	0.55	0.56	-0.44	0.56	5	
四川	0.56	0.60	0.56	0.55	-0.15	0.56	6	协调过渡
湖北	0.51	0.58	0.55	0.47	-0.88	0.53	7	
江苏	0.45	0.68	0.55	0.43	-0.42	0.52	8	
天津	0.53	0.56	0.48	0.48	-1.09	0.50	9	
云南	0.43	0.51	0.51	0.54	2.56	0.48	10	
浙江	0.45	0.60	0.48	0.39	-1.37	0.48	11	
吉林	0.48	0.53	0.46	0.46	-0.62	0.48	12	
河南	0.48	0.57	0.49	0.38	-2.39	0.47	13	失调过渡
甘肃	0.47	0.45	0.47	0.48	0.11	0.46	14	
河北	0.45	0.50	0.48	0.44	-0.33	0.46	15	
山西	0.43	0.47	0.61	0.42	-0.18	0.46	16	
福建	0.43	0.50	0.44	0.44	0.37	0.44	17	

续表

省份	2009	2012	2015	2018	平均变化率（%）	均值	排名	细分时期
黑龙江	0.47	0.46	0.41	0.40	-1.87	0.44	18	
新 疆	0.38	0.40	0.42	0.40	0.42	0.44	19	
广 东	0.24	0.65	0.40	0.43	6.82	0.43	20	
湖 南	0.45	0.52	0.44	0.40	-1.41	0.43	21	失调过渡
重 庆	0.37	0.53	0.28	0.42	1.37	0.43	22	
广 西	0.45	0.43	0.38	0.40	-1.17	0.42	23	
江 西	0.36	0.49	0.45	0.44	2.20	0.41	24	
海 南	0.34	0.51	0.34	0.38	1.46	0.40	25	
安 徽	0.51	0.56	0.37	0.20	-9.65	0.39	26	
内蒙古	0.35	0.40	0.35	0.32	-1.17	0.35	27	轻度失调
贵 州	0.31	0.38	0.35	0.36	1.84	0.35	28	
宁 夏	0.36	0.33	0.19	0.33	-0.96	0.27	29	重度失调
青 海	0.40	0.11	0.18	0.35	-1.51	0.21	30	
全国平均	0.46	0.53	0.46	0.44	-0.53	0.47		

（三）区域创新生态系统供需协同指数所处阶段分析

进一步统计各年份创新生态系统供需协同指数处于不同阶段的省份数量，结果如表3.7所示。可以看出，在所列举的四个代表性年份中，多数省份创新生态系统供需协同指数集中在过渡阶段。整体来看，研究期内各省份创新生态系统供需协同指数都有较大的提升空间，处于失调阶段和过渡阶段的省份都要积极调整地区创新供需，优化二者间互动，使系统供需协同水平不断提升。具体到各细分时期，首先，处在协调阶段的省份中，多数省份仍集中于初级协调时期，处于中级协调和高级协调时期的省份数量均较少。因此，创新生态系统供需协同指数处在协调阶段的省份也要持续关注系统供需协同水平，使系统向更高的协调时期攀升；其次，处在过渡阶段的省份，仅2012年处于协同过渡时期的省份数量较失调过渡时期的省份数量较多，其余年份在该阶段的省份数量均普遍处于失调过渡时期，这类省份要在当前区域创新生态系统供需协同的基础上，结合各省份实际情况，瞄准供需两侧的短板发力，进一步提升系统供需协同水平，使系统供需协同指数稳步迈入协调阶段，失调过渡时期的省份则要积极调整供需，以强化二者互动提升系统供需协同水平，防止下降至失调阶段；最后，还有部分省份处于失调阶段，该阶段的省份普遍处于轻度失调时期，这类省份创新生态系统创新供给能力与创新需求水平协同水平较低，创新生态系统供需两侧的协同演化、良性发展面临着较为严峻的挑战，这些省份应集中力量促进系统供需协同发展，以摆脱创新供需失调可能为区域创新生态系统发展、地区经济发展等带来的负面影响。

表 3.7　代表性年份各省份创新生态系统供需协同指数分类统计

阶段	细分时期	2009		2012		2015		2018	
协调阶段	高级协调时期	1		1		0		1	
	中级协调时期	0	3	1	9	1	5	0	1
	初级协调时期	2		7		4		0	
过渡阶段	协同过渡时期	6	19	11	18	5	17	5	21
	失调过渡时期	13		7		12		16	
失调阶段	轻度失调时期	7		2		5		7	
	中度失调时期	1	8	0	3	1	8	1	8
	重度失调时期	0		1		2		0	

（四）区域创新生态系统供需两侧关系分析

为揭示各省份创新生态系统在研究期内创新供给能力和创新需求水平二者间的关系，进一步分析 U_{ijk} 和 U 的关系，通过比较 U_{ijk} 和 U 的大小，统计各年份各类关系的省份数量（见图 3.7），图中的数字表示所对应的各类关系的省份数量。可以看出，第一，各年份创新供给能力与创新需求水平之间保持同步的省份数量仅存在于 2010 年、2011 年、2012 年和 2013 年，且数量很少，其余年份均没有，表明整体来看，多数省份创新供给能力和创新需求水平发展不同步，有待优化；第二，研究期内，各年份中，多数省份创新生态

系统供需两侧呈现 $U_{ijk}>U$ 的特点，意味着创新供给能力超前于创新需求水平，说明考察期内多数省份处于创新需求相对不足的状态，成为难以使系统供需两侧保持协同发展的重要原因；第三，相较于 2009 年，2013 年以来，创新供给能力超前于创新需求水平的省份数量有所减少，相应的，创新供给能力滞后于创新需求水平的省份数量有所增加，说明越来越多的省份创新生态系统表现出创新供给能力难以满足创新需求水平的趋势，需要对产学研三方协同创新水平引起重视，应不断加强三方协作。

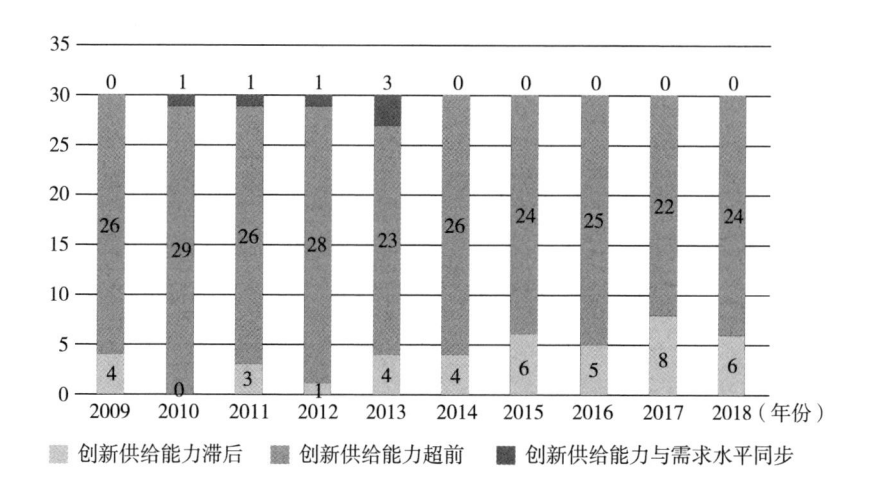

图 3.7　2009—2018 年创新生态系统供需两侧不同关系类型省份数量统计

表 3.8 中汇总了四个代表性年份各省份创新生态系统的创新供给能力与创新需求水平间关系的测度结果，从中可以清楚看到这 30 个省份在四个代表年份中创新供给能力与创新需求水平间关系的演化及现状：即供给滞后的数量有增多的趋势。这些省份中例如北京、江苏、浙江、广东等多为经济发展相对较快的省份，随着发展水平的不断提升，这些省份创新需求日趋旺盛，从而造成了以产学研协同表征的地区创新供给能力的相对不足，这将在未来的发展中难以使地区创新生态系统的创新供给子系统与创新需求子系统保持

良好的互动与协同，在一定程度上有碍于创新成果向经济效益的转化，对未来的发展形成巨大挑战。还有像宁夏、河南等省份，它们在发展中也对创新存在较大现实需求，从而使得创新供给能力表现出相对不足的状态，因此也要进一步关注产学研协同创新，生产出更多与地区创新需求相吻合的创新成果，从而可以使地区创新供需两个子系统的互动与协同作用不断被强化。此外，依据2018年的情况，能为各省份合理调整地区创新供需两侧关系、促进系统发展提供现实依据。

表 3.8　代表性年份中国 30 个省份创新供给能力与创新需求水平关系汇总

	供给滞后	供需同步	供给超前
2009	北京；江苏；浙江；广东	无	上海；陕西；辽宁；山东；四川；湖北；天津；云南；吉林；河南；甘肃；河北；陕西；福建；黑龙江；新疆；湖南；重庆；广西；江西；海南；安徽；内蒙古；贵州；宁夏；青海
2012	北京	青海	上海；陕西；辽宁；山东；四川；湖北；江苏；天津；云南；浙江；吉林；河南；甘肃；河北；陕西；福建；黑龙江；新疆；广东；湖南；重庆；广西；江西；海南；安徽；内蒙古；贵州；宁夏
2015	北京；江苏；安徽；广东；宁夏；重庆	无	上海；陕西；辽宁；山东；四川；湖北；天津；云南；浙江；吉林；河南；甘肃；河北；陕西；福建；黑龙江；新疆；湖南；广西；江西；海南；内蒙古；贵州；青海
2018	北京；江苏；安徽；河南；浙江；广东	无	上海；陕西；辽宁；山东；四川；湖北；天津；云南；吉林；甘肃；河北；陕西；福建；黑龙江；新疆；湖南；重庆；广西；江西；海南；内蒙古；贵州；宁夏；青海

四　区域创新生态系统供需协同演化评价结果

为进一步分析我国各省份区域创新生态系统供需两侧协同演化趋势，本节运用复合系统协同度模型，以 2009 年为基期，对各省份区域创新生态系统的跨期运行情况进行测度，当计算结果为正时，表明当期相对2009年，系统供需两侧共同向好的趋势发展，呈协同演化态势，反之，当计算结果为负时，系统供需两侧中至少有一侧向不好的方向发展，呈非协同演化态势。结果如表3.9所示。从各省份研究期内均值来看，除山西、江苏、广东、重庆和贵州五个省份外，其余省份创新生态系统供需两侧协同演化均出现不同程度的恶化，普遍呈非协同演化的态势。具体到各年份，也普遍呈现非协同演化态势。因此，为促进各省份创新生态系统供需两侧协同演化与发展，使系统整体不断向好的方向发展，除要关注当期供需两侧互动外，还要立足长远，积极采用技术预见等手段明确地区的关键技术、核心技术，通过对地区创新需求进行提前规划，引导产学研围绕地区系统价值主张开展协同创新，以使各省份能通过不断强化创新供需协同实现创新生态系统供需协同演化。

表3.9　区域创新生态系统供需协同演化评价结果

省份	2010	2011	2012	2013	2014	2015	2016	2017	2018	均值
北京	-0.147	-0.006	-0.071	-0.119	-0.057	-0.124	-0.117	-0.162	-0.029	-0.092
天津	-0.102	-0.010	-0.014	-0.130	-0.042	-0.057	-0.069	-0.059	-0.049	-0.059
河北	-0.006	0.007	0.046	-0.003	0.002	0.029	-0.014	-0.022	-0.061	-0.002
山西	-0.060	0.031	0.023	-0.019	-0.022	0.159	-0.008	-0.037	-0.005	0.007
内蒙古	0.083	-0.040	-0.075	-0.089	-0.090	-0.084	-0.025	-0.039	-0.017	-0.042
辽宁	0.039	-0.046	-0.016	-0.024	-0.021	-0.059	-0.027	-0.180	-0.146	-0.053
吉林	0.000	-0.019	0.000	-0.017	-0.015	0.000	-0.018	-0.031	-0.041	-0.016
黑龙江	-0.092	-0.025	-0.099	-0.028	-0.031	-0.026	-0.059	-0.067	-0.050	-0.053
上海	-0.133	-0.016	-0.048	-0.061	-0.069	-0.071	-0.101	-0.023	-0.043	-0.063
江苏	-0.142	0.014	0.172	-0.089	0.110	0.104	0.081	-0.088	-0.047	0.013
浙江	-0.122	0.039	0.101	0.010	-0.035	0.019	-0.021	-0.049	-0.078	-0.015
安徽	0.017	-0.057	0.049	-0.114	-0.125	-0.085	-0.048	-0.099	-0.125	-0.065
福建	-0.056	0.035	0.048	-0.005	-0.007	0.013	-0.021	-0.031	-0.078	-0.012
江西	-0.089	-0.038	0.079	-0.007	-0.040	0.045	-0.054	-0.053	0.056	-0.011
山东	-0.096	-0.009	0.029	-0.011	-0.004	-0.056	-0.035	-0.039	-0.022	-0.027

续表

省份	2010	2011	2012	2013	2014	2015	2016	2017	2018	均值
河南	-0.084	-0.019	0.087	-0.011	-0.003	-0.009	-0.009	-0.054	-0.095	-0.022
湖北	-0.047	0.014	0.066	0.053	-0.021	-0.034	0.023	-0.059	-0.088	-0.010
湖南	-0.109	-0.031	-0.086	-0.034	-0.027	-0.033	-0.024	-0.090	-0.041	-0.053
广东	-0.106	0.057	0.184	0.067	0.085	0.063	0.074	0.052	0.108	0.065
广西	-0.134	-0.075	-0.110	-0.045	-0.014	-0.027	-0.077	-0.114	-0.043	-0.071
海南	-0.027	-0.081	0.146	0.190	-0.125	-0.147	-0.036	-0.148	-0.126	-0.039
重庆	0.279	0.032	0.121	0.058	-0.009	-0.046	-0.051	-0.127	-0.031	0.025
四川	-0.083	-0.007	0.014	-0.132	-0.071	-0.061	-0.036	-0.044	-0.067	-0.054
贵州	0.050	0.015	0.042	0.017	-0.024	0.027	0.030	-0.022	-0.047	0.010
云南	0.004	-0.093	-0.032	-0.064	-0.089	-0.080	-0.081	-0.074	-0.054	-0.063
陕西	-0.077	-0.014	-0.029	-0.023	-0.013	-0.088	-0.080	0.073	-0.049	-0.033
甘肃	-0.016	-0.008	-0.015	-0.006	0.006	-0.024	-0.015	-0.055	-0.056	-0.021
青海	-0.140	-0.142	-0.142	-0.139	-0.056	-0.122	-0.123	-0.080	-0.019	-0.107
宁夏	-0.021	-0.042	0.022	-0.061	-0.129	-0.282	-0.177	-0.040	-0.197	-0.103
新疆	0.016	-0.046	-0.009	-0.027	-0.007	-0.028	-0.128	-0.201	-0.046	-0.053

第五节 本章小结

本章通过对区域创新生态系统的解构，构建了包含区域创新需求子系统和区域创新供给子系统的区域创新生态系统供需协同框架，并从中提炼出系统供需协同所包含的两组关键的协同关系，在此基础上，进一步分析区域创新生态系统供需协同演化过程，并构建区域创新生态系统供需协同指数评价指标体系。同时，本章还采用信息熵、耦合协同模型等方法计算了中国 30 个省份 2009—2018 年创新生态系统供需协同指数，并对测度结果进行分析，此外，还运用复合系统协同度模型分析了区域创新生态系统供需两个子系统的跨期协同演化态势。本章内容一方面为研究区域创新生态系统内部关系提供了一个新的视角,并据此构建了一个理论框架,另一方面则通过实证研究测度,了解了中国各省份区域创新生态系统供需两个子系统的协同水平现状及时空演化,为下文中研究区域创新生态系统供需协同与全要素生产率之间的关系奠定了基础。

第四章 区域创新生态系统供需协同对全要素生产率的影响机制

本书所考虑的区域创新生态系统供需协同的实质是区域创新需求子系统与创新供给子系统的子系统间的协同,但同时还包括创新供给子系统中的创新主体的要素协同,在这两组关键协同关系影响下,使得系统整体的协同水平在高与低之间动态转换。全要素生产率是衡量经济发展质量的重要指标之一,为进一步明确区域创新生态系统供需协同与全要素生产率之间的作用关系,本章在上一章内容的基础上,基于特征事实分析,将区域创新生态系统供需协同与全要素生产率之间建立直接联系,从理论层面分析区域创新生态系统供需协同对全要素生产率的影响机制,以期为后续章节的实证研究奠定基础。二者间影响机制的分析也都可以从两组关键的协同关系中得到解释。

第一节 特征事实分析

在将区域创新生态系统供需协同与全要素生产率之间建立直接联系前,首先对二者间关系所表现出的特征事实进行描述和分析,这一方面可以对二者间的关系建立起直观的判断,另一方面,通过对事实的分析也可以进一步明确研究二者间关系的必要性和科学性。其中,对于全要素生产率的测度方法及具体结果,后文中将详细说明并展示,此处仅对相关的结果进行列示。

一 样本整体特征

首先分析样本整体特征。绘制研究期内所有样本的创新生态系统供需协同指数及全要素生产率测度值的散点图及拟合曲线,如图4.1所示。可以看到,研究期内,受多数省份创新生态系统供需协同指数处于过渡阶段的影响,即处于0.4—0.6的范围内,样本整体的散点图呈现出明显的集聚态势,但仍可以看出区域创新生态系统供需协同指数与全要素生产率之间呈现一定的正相关关系,特别在区域创新生态系统供需协同指数大于0.6后,虽然样本点较少,但在图中所体现出的正相关关系却更加明显。同时,样本整体的拟合曲线呈向右上方倾斜的趋势,表明区域创新生态系统供需协同指数与全要素生产率之间表现出同方向变化的特征。这可以在一定程度上说明区域创新生态系统供需协同能对全要素生产率提升起到积极的促进作用。

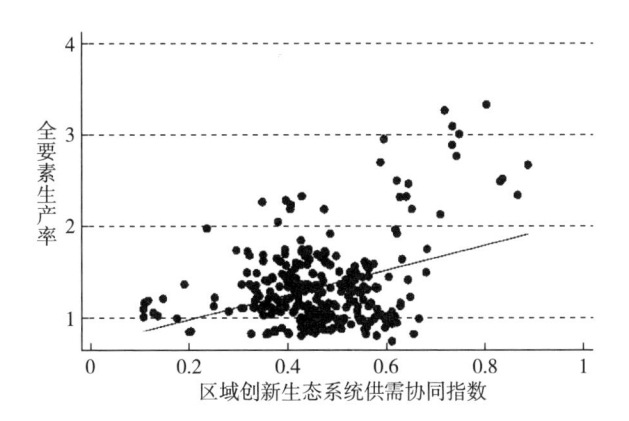

图4.1 全样本区域创新生态系统供需协同指数与全要素生产率散点图及拟合曲线

二 三大经济带特征

分别从东、中、西三大经济带的区域创新生态系统供需协同指数与全要素生产率的变化趋势来看,如图4.2所示。东部地区区域创新生态系统供需协同指数整体上呈现出波动下降的态势，全要素生产率则整体上呈上升趋势，二者的变化趋势有所背离，但仍然可以看出，在2012年、2014年、2016年和2018年，二者呈现了同方向的变化表明，即相较于上一年，区域创新生态系统供需协同指数上升，全要素生产率也上升，或区域创新生态系统供需协同指数下降，全要素生产率也下降。中部地区虽然在个别年份，例如2010年和2011年，相较于上一年，区域创新生态系统供需协同指数与全要素生产率没有呈现出同方向变化的趋势，但在研究期内的其他年份，二者在各年间表现出较为明显的同方向变化趋势，表明区域创新生态系统供需协同能在一定程度上促进全要素生产率提升。西部地区与东部地区类似，在多数年份二者间变化方向不同，但在2011—2014年也表现出了同方向变化。

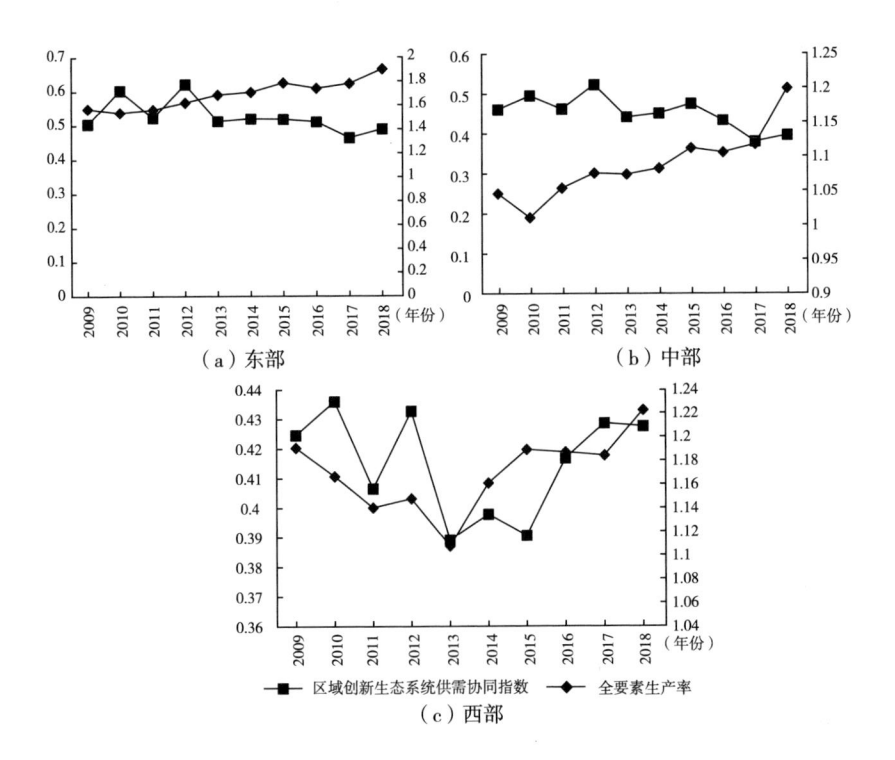

图 4.2　三大地带全要素生产率与区域创新生态系统供需协同指数变化趋势

三 各省份对比特征

从不同省份来看,将各省份各年的区域创新生态系统供需协同指数与全要素生产率的平均值进行对比,并观测二者间关系,如图4.3所示。可以看出,区域创新生态系统供需协同指数与全要素生产率在多数省份间存在一定的正相关关系,即相对于区域创新生态系统供需协同指数较低的省份,区域创新生态系统供需协同指数较高的省份全要素生产率也处在相对较高的水平上,表明区域创新生态系统供需协同可能有助于促进全要素生产率提升。但同时,也在例如内蒙古、辽宁、吉林、黑龙江、海南、重庆、四川、贵州、云南等少部分省份中,区域创新生态系统供需协同指数与全要素生产率之间的关系也表现出一定程度的差异,即与其他省份相比,这些省份全要素生产率的变化方向并没有与区域创新生态系统供需协同指数的变化方向保持一致。

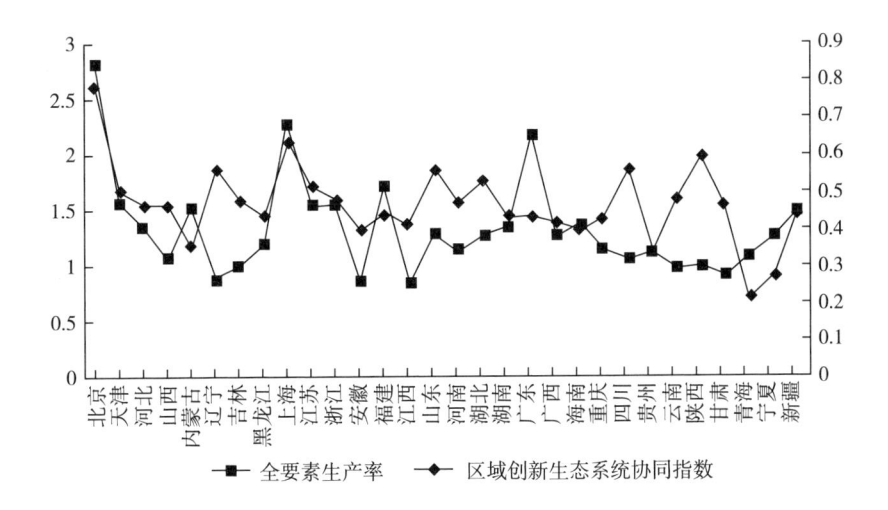

图4.3 各省份全要素生产率与区域创新生态系统供需协同指数对比

四 特殊省份特征

具体到各省份,通过绘制各省份区域创新生态系统供需协同指数与全要素生产率在研究期内的演变趋势图,并仔细观察各省份二者之间在研究期内的变动趋势之后发现了几个比较特殊的省份——湖北、湖南、河南和山东，如图 4.4 所示。可以看出，2009—2018年，这四个省份的区域创新生态系统供需协同指数与全要素生产率之间的变化方向虽然在个别年份上有所不同，但在研究期内的多数年份上，二者之间大体保持了较为相似的变化趋势，即如果区域创新生态系统供需协同指数相较上一年有所上升，则全要素生产率相较上一年也有所提升。

综上，从样本整体的特征事实来看，区域创新生态系统供需协同可能会对促进全要素生产率提升起到积极作用，但从三大地带、各省份样本对比以及特殊省份分析这三个方面所体现的特征事实，又表明二者间关系可能因地区差异而表现出一定的异质性。因而有必要进一步详细地分析和研究区域创新生态系统供需协同对全要素生产率的影响，以期明晰二者间的作用关系。

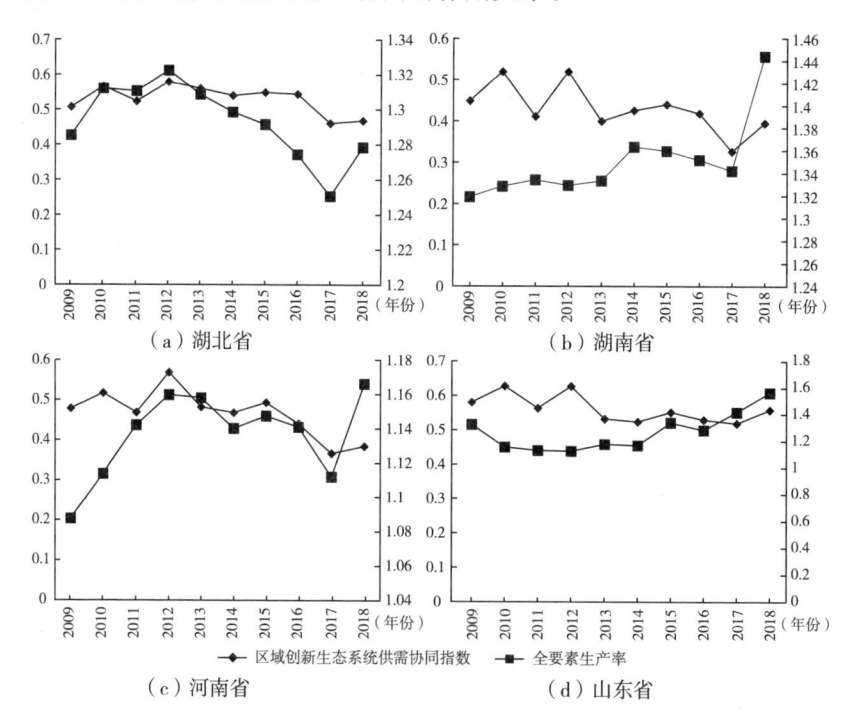

图 4.4　特殊省份区域创新生态系统供需协同指数与全要素生产率变化

第二节 区域创新生态系统供需协同对全要素生产率的直接影响机制

文献综述部分已经表明区域创新生态系统具有要素整合、结构调整等功能，这些都是全要素生产率提升的重要来源及途径，能为全要素生产率提升带来积极作用。从本研究中所提出区域创新生态系统供需协同的理论框架中所包含的两组关键协同关系来看，其一，地区创新需求子系统与创新供给子系统双方在系统自组织作用下不断调整，通过互动实现创新供需两侧的协同攀升，从而推动系统发展。在此过程中，无论是地区创新供给子系统要素间互动随地区系统价值主张调整而作出变化，还是创新需求子系统决定的价值主张随创新供给子系统产学研协作创新的领域等变化而作出调整，都能有助于更多的科研成果实现转化，既满足地区由于对多样化的价值主张追求而激发产生的创新需求，又能有更多的科研成果转变成为现实生产力。从而使得区域创新生态系统具有的技术进步、结构调整等功能被强化，进而对全要素生产率有积极作用。同时，技术进步、结构调整等还会引导各类生产资源、生产要素等重新配置到效率更高的领域中去。全要素生产率本质上就是一种生产效率。因此，区域创新生态系统供需协同能够促进全要素生产率提升。其二，从产学研协同关系来看，产学研协同创新对提升整体创新水平（陈恒等，2018）、创新效率（Buesa等，2010；杨柏等，2020）、提高参与者开发新技术、创造新产品的能力（Marques，2006）等都具有积极作用，有助于在地区实现"1+1+1>3"的协同效应，这些也能对全要素生产率提升起到积极作用。因此，首先提出假设。

假设1：区域创新生态系统供需协同能促进全要素生产率提升。

同时，从前文中区域创新生态系统供需协同的演化过程可以看出，区域创新生态系统供需两个子系统的互动与协同演化过程是十分复杂的,为使得两个子系统的协同水平不断在高水平与低水平之间转化,呈现出波浪式变化特征,其中系统供需协同水平较高时,能对系统提升资源配置效率、促进技术进步等有积极作用,反之则不利于相应功能的发挥。因此,区域创新生态系统供需协同与全要素生产率之间可能表现为更加复杂的非线性关系。基于此,提出如下假设:

假设2:区域创新生态系统供需协同与全要素生产率间可能呈非线性关系。

但是,从现有研究来看,其一,在经济发展的不同阶段,地区创新本身会对经济发展表现出不同的作用效果(Hasan、Tucci,2010);其二,产学研脱节会使得创新与经济发生错位(Erling等,2018);其三,不同地区的差异,例如收入差距会影响企业技术需求的结构和数量(安同良、千慧雄,2014)、资源依赖会影响创新的有效需求从而挤出企业科技创新(赵康杰、景普秋,2014)等众多原因,也会在宏观层面上影响整个地区的价值主张,这些都会使区域创新生态系统供需协同对全要素生产率的作用效果表现出一定的地区异质性。本章中对特征事实的分析也充分体现出二者间关系的地区异质性。此外,前文中各省份创新生态系统供需协同指数测度及分析表明,中国30个省份的创新供给能力、创新生态系统供需协同水平等方面都存在一定差异,与此同时,中国区域发展不平衡问题较为显著,各省份或地区在经济发展水平、创新基础条件、创新制度等方面也都存在明显差异,这些也会使得地区创新对于全要素生产率的作用产生滞后(李新安,2020),从而使得不同地区区域创新生态系统供需协同对全要素生产率的作用效果表现出一定的地区异质性。因此,进一步提出假设:

假设3:区域创新生态系统供需协同对全要素生产率的作用存在区域异质性。

第三节　区域创新生态系统供需协同对全要素生产率的间接影响机制

本节内容以技术进步、产业结构调整以及创新要素配置作为区域创新生态系统供需协同影响全要素生产率的作用路径，详细分析区域创新生态系统供需协同对全要素生产率的间接影响机制。

一　区域创新生态系统供需协同、技术进步与全要素生产率

区域创新生态系统供需协同对技术进步有积极作用，这首先可以从区域创新生态系统供需协同的"创新需求子系统与创新供给子系统"的协同上得到解释：区域创新生态系统供需协同所强调的协同，本质上是创新需求子系统与创新供给子系统的协同，这使得区域创新生态系统一方面要求产学研三方要围绕地区系统价值主张开展相应的创新活动，另一方面则要求地区要建立与产学研协同创新相匹配的多样化的价值主张，从供需两侧同时发力以提升系统整体效能。因此，区域创新生态系统供需协同，可以通过系统供需两个子系统的互动，既有助于使创新主体以地区价值主张为依据，通过产学研协作提供与之相匹配的技术创新成果，从源头上降低技术创新不同阶段所可能存在的风险，又有助于围绕现有知识、技术积累的优势领域引导形成相应的价值主张，推动科技创新成果转化为现实生产力，从而实现技术供给与多元化价值主张的有效衔接，促进科技与经济的统一。这对地区实现技术进步有正向的积极作用。同时，伴随系统供需两侧的协同演化，地区创新供需两侧会协同攀升至更高层次，与此同时，新技术的产生、应用与扩散等也都会对地区技术进步产生有益的影响，从而能进一步促进全要素生产率提升。

其次，区域创新生态系统供需协同对技术进步的影响还能从创新供给子系统中创新主体的协同关系上解释。第一，产学研协同能

通过成员间合作或博弈，有意识地减少创新过程中的不确定性，从而规避或降低创新风险（胡峰，2020），对技术创新成功有积极意义，技术创新是技术进步的前提（王桂军等，2020），因此产学研协同有助于技术进步。第二，产学研协同能通过知识溢出促进技术进步。这主要是因为各类主体协作创新有助于突破"熟悉陷阱"，打破单个主体知识狭窄的局限（耿紫珍等，2012），使知识等在各主体中充分流动，产生知识溢出。知识溢出对于异质性知识整合、不同主体降低知识势差、增加知识调和范式与深度（沈能等，2019）、提升创新主体链接强度和成员间相互信任关系以增强合作黏性（胡峰等，2019）等都有积极作用，从而有助于深化产学研合作，这也能对提升技术创新能力、促进技术进步起到有益的作用。第三，产学研协同还能通过技术转移促进技术进步。一方面，技术转移是一种特殊形式的知识流动，其中蕴含着知识溢出（Kortumss，1996），另一方面，创新主体间通过技术转移可弥补自身的研发短板，从而完善地区整体的研发体系，特别在"产—学研"关系中，技术转移既能满足科技创新成果的市场化与商业化要求，在此之后，还能为产学研各方获取和积累更高创新收益，以增加创新投入，促进技术创新。此外，地区间"技术势差"的存在也使得技术转移发生在跨地区创新主体间，这是实现区域间优势互补、提高创新力的重要措施（侯媛媛等，2017）。以上这些都表明区域创新生态系统的创新供给子系统中创新主体协同创新能引起技术进步，从而有助于提升全要素生产率。基于此，提出首个关于间接影响机制的假设：

假设4：区域创新生态系统供需协同能通过促进技术进步提升全要素生产率。

二 区域创新生态系统供需协同、产业结构调整与全要素生产率

技术革命与工业（产业）革命有密切联系。在新技术革命催化下，技术—经济范式发生巨大变化，这使得推动产业迈入价值链中高端，成为了创新发展的关键（洪银兴，2019）。因此，科技创新要与产业发展密切相关。从区域创新生态系统供需协同中的"创新需求子系统与创新供给子系统"的协同关系看,就要求创新供给子系统中所涉及的产学研三方主体,以创新需求子系统所指向的多元化价值主张所激发的创新需求为依据,瞄准前沿领域,围绕战略新兴产业发展的关键技术、核心技术的需要进行突破与攻关,以三方协作加强地区知识生产、开展创新活动,这将促进区域创新生态系统供需两个子系统协同演化。此时,科技创新成果向现实生产力转化的可能性也能被大大提升,有助于在地区产生催生新兴产业、优化传统产业等宏观结果,从而改变地区产业结构,促进产业结构调整。与此同时,各类生产要素也将遵循配第·克拉克定理,逐渐向生产效率更高、竞争优势更强的产业或行业转移,进一步强化产业结构调整的作用。这些对于引起全要素生产率提升都能起到积极的正向作用。

从创新供给子系统中的创新主体协同看,受新技术革命的影响,新的关键生产要素应运而生,产业发展方向也随之改变,这都使得知识、技术创新的主攻领域及方向随之变化。为了加强产业竞争力,围绕产业链构建创新链是重要的突破口,产学研合作则对此有重要意义(洪银兴,2019)。同时,产学研合作加强所产生的大量新知识、新技术的使用,能推动产业部门分工合作的变化及一体化生产的发展,使产业边界日益模糊、产业关联逐渐增强,从而能通过产业间的关联和传导机制、促进传统产业和新兴产业的融合生长、产业生产规模和链条延伸等引起产业结构调整(郭克莎,2019),进而能引起全要素生产率提升。因此,提出第二个关于间接影响机制的假设:

假设5:区域创新生态系统供需协同能通过促进产业结构调整提升全要素生产率。

三 区域创新生态系统供需协同、创新要素配置与全要素生产率

创新要素能否被有效配置、高效利用,对地区全要素生产率提升至关重要。创新要素误置不仅会影响创新效率(靳来群等,

2019），还会限制其对全要素生产率的贡献（秦宇，2018），不利于全要素生产率提升。但在区域创新生态系统中，各类知识生产、创新活动等更加重视资源的整合和共生发展（李万，2014），因而能对优化创新要素配置产生积极作用。从区域创新生态系统供需协同来看，其对创新要素配置的优化作用也可以分别从两组关键的协同关系来理解。第一，从创新需求子系统和创新供给子系统的协同看，系统创新供给子系统中产学研三方会围绕地区系统价值主张进行协同创新，系统价值主张的改变也会引起产学研三方协同创新领域等发生变化。然而创新要素，特别是作为知识载体的创新人才要素，具有较强的专用性，因而难以在不同的技术领域进行迁移。因此，随地区创新需求的变动，创新人才会向那些创新需求与自身知识储备相吻合的地区流动和转移，从而达到体现自身价值、促进自身发展等目的，与此同时，创新要素实现地区间优化配置，并进一步引起地区全要素生产率变动。第二，创新要素的集聚程度，是评价地区或创新主体创新能力的重要标准之一（洪银兴，2013）。但创新要素是一种稀缺要素，地区的产学研任何一方创新主体都不可能拥有各种类型、全部数量的创新要素。产学研协同创新的优势就在于可以在不同的创新主体间加强创新要素的共享和流动。特别是受市场分割、地方政府重视本地经济增长却忽视全局效率等原因的影响，创新要素跨地区流动受阻，从而导致创新要素误置（靳来群等，2019），但通过产学研合作，尤其是产学研的跨地区合作，能使创新要素在不同主体、不同地区间实现流动与整合，以充分调动各类创新要素、激发要素活力。因此，通过产学研协同创新，有助于优化地区创新要素配置，这对提升全要素生产率也有积极的正向作用。基于以上分析，提出第三个关于间接影响机制的假设：

假设6：区域创新生态系统供需协同能通过优化创新要素配置提升全要素生产率。

研究的理论分析框架如图4.5所示：

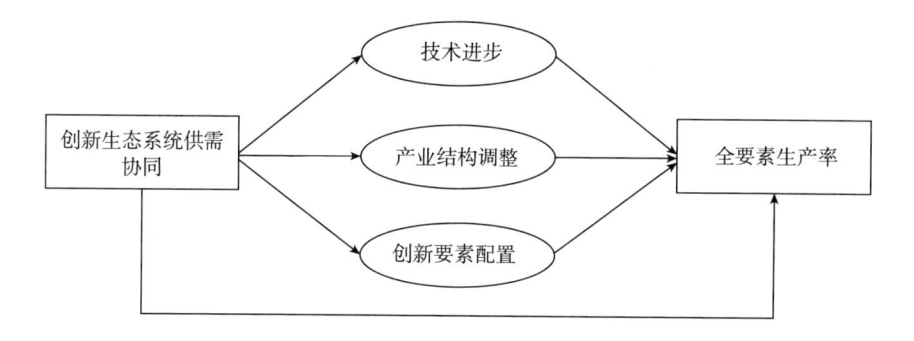

图 4.5　理论分析框架

第四节　本章小结

本章以特征事实分析为基础，从理论层面上将区域创新生态系统供需协同与全要素生产率之间建立直接联系。基于本书所提出的区域创新生态系统供需协同所包含的两组关键协同关系，分析了区域创新生态系统供需协同对全要素生产率直接影响机制和间接影响机制，并分别提出相应的假设。一方面有助于从理论层面理清区域创新生态系统供需协同与全要素生产率间的关系，另一方面也能为下文开展实证研究提供一个理论框架支撑。

第五章 区域创新生态系统供需协同影响全要素生产率的实证研究

本章在第四章提出的理论分析框架的基础上,以中国30个省份2009—2018年的面板数据作为研究对象,对区域创新生态系统供需协同与全要素生产率的直接影响和间接影响分别进行实证检验,并对检验结果作出相应的分析与讨论。以求能在中国情境下明确二者间作用关系的基础上,为不同类型地区推动区域创新生态系统供需协同、良性发展,以及促进全要素生产率提升提供经验证据。

第一节 区域创新生态系统供需协同对全要素生产率的直接影响

一 模型构建与变量说明

(一) 模型构建

根据理论分析,本书对区域创新生态系统供需协同与全要素生产率之间的关系进行实证检验,同时,为验证二者之间是否存在非线性关系,分别构建静态面板模型如下:

$$tfp_{it}=\beta_0+\beta_1 colla_{it}+\gamma X_{it}+\mu_i+\nu_t+\varepsilon \qquad (5.1)$$

$$tfp_{it}=\beta_0+\beta_1 colla_{it}+\beta_2 colla_{it}^2+\gamma X_{it}+\mu_i+\nu_t+\varepsilon \qquad (5.2)$$

进一步地,考虑到地区全要素生产率可能存在惯性,即当期全要素生产率可能受上期全要素生产率的影响,因而在式(5.1)和(5.2)中分别再加入全要素生产率的滞后项,构建动态面板模型如下：

$$tfp_{it} = \beta_0 + \alpha tfp_{it-1} + \beta_1 colla_{it} + \gamma X_{it} + \mu_i + \nu_t + \varepsilon \tag{5.3}$$

$$tfp_{it} = \beta_0 + \alpha tfp_{it-1} + \beta_1 colla_{it} + \beta_2 colla_{it}^2 + \gamma X_{it} + \mu_i + \nu_t + \varepsilon \tag{5.4}$$

在式（5.1）至（5.4）中，被解释变量 tfp_{it} 表示 i 省份 t 年的全要素生产率，tfp_{it-1} 表示对应省份全要素生产率的滞后项；核心解释变量 $colla_{it}$ 为 i 省份 t 年区域创新生态系统供需协同指数；X_{it} 表示对应省、年的一系列控制变量；μ_i 和 ν_t 分别表示不随地区和时间变化的因素；ε 为随机误差项。

（二）变量说明

1. 被解释变量。全要素生产率（tfp）。本书采用全要素生产率计算公式对其进行测度。借鉴马洪福和郝寿义（2018）的做法，在柯布—道格拉斯生产函数 $Y_{it} = A_{it} K_{it}^{\alpha_{it}} L_{it}^{\beta_{it}}$ 中，按照全要素生产率定义，即 $TFP = A_{it} = \dfrac{Y_{it}}{(K_{it}^{\alpha_{it}} L_{it}^{\beta_{it}})}$。测算过程中需要用到产出水平、资本和劳动投入、资本和劳动产出弹性的面板数据。其中产出指标为 GDP，劳动力用各省份全社会从业人数表征，资本投入采用资本存量衡量，资本存量采用永续盘存法进行折算，计算公式为：

$$K_{it} = \frac{I_{it}}{P_{it}} + (1 - \delta_{it}) K_{it-1} \tag{5.5}$$

式（5.5）中，K_{it} 为 i 省份 t 年的资本存量，I_{it} 为 i 省份 t 年全社会新增固定资产投资额，P_{it} 为对应省份、年份的固定资产投资价格指数，δ_{it} 为折旧率，取 9.6% 计算，并以 2008 年为基期对 GDP 和资本存量进行折算。在产出弹性的处理上，常用的有两种方法：一是参照陈宇峰等（2013）的做法，采用要素报酬率代表产出弹性，进而得到劳动力产出弹性，且同时假设规模报酬不变，即 $\alpha_{it} + \beta_{it} = 1$，则可得到资本产出弹性；二是通过对柯布—道格拉斯生产函数进行估计，从而分别得到劳动力和资本要素的产出弹性。实证检验时，采用第一种方法获取要素弹性并计算全要素生产率，将通过第二种作法得出的全要素生产率作为变化变量测度方式的稳健性检验在后文中列出。

2. 核心解释变量。区域创新生态系统供需协同（colla）。用区域创新生态系统供需协同指数表征，测度过程及结果见第3章。

3. 控制变量。结合现有研究成果，选取的控制变量包括：对外开放水平（open）。在开放经济条件下，国际贸易是国家间知识扩散和外溢的主要渠道之一（Keller，2010），实施对外开放能显著促进全要素生产率增长（何元庆，2007），采用地区实际利用外资额占GDP比重表征对外开放水平；人力资本（human）。将一国或地区人力资本配置到生产部门，对生产部门的技术创新有积极作用（Murphy，1991），这会引起全要素生产率水平变动，采用地区普通高校在校生人数占地区总人口比重衡量；基础设施（net）。良好的基础设施水平是地区经济发展的基础，互联网作为当前发展最重要的基础设施之一，在数字经济的基础设施建设中具有启程转合的重要作用（谢莉娟等，2020），对全要素生产率提升也有重要作用，采用地区互联网接入端口与总人口之比对其控制；环境水平（er）。环境污染不利于经济发展（陈诗一、陈登科，2018），良好的环境水平对全要素生产率提升有积极作用（季磊、额尔敦套力，2015）。用建成区绿化率表征环境水平对其加以控制。

以上变量中所涉及的相关指标数据主要来自对应年份的《中国统计年鉴》，个别缺失数据用各省份相应年份的统计年鉴或统计公报数据补齐。本研究对各变量取对数处理，变量描述性统计结果如表5.1所示。数据处理软件为Stata 15.0。

表5.1 变量统计性描述

	tfp	colla	open	human	net	er
mean	0.244	-0.807	0.531	0.872	3.342	3.653
sd	0.295	0.314	0.997	0.312	0.747	0.104
min	-0.300	-2.237	-4.576	0.042	1.532	3.300
max	1.202	-0.119	2.131	1.858	5.029	3.894

续表

	tfp	colla	open	human	net	er
p25	0.020	-0.920	0.268	0.713	2.808	3.603
p50	0.217	-0.782	0.689	0.836	3.370	3.609
p75	0.395	-0.616	1.204	1.039	3.934	3.718

二 全要素生产率测度结果

表 5.2 列出了部分代表性年份各省份全要素生产率的测度结果。并根据均值大小按照由高到低的顺序排列。可以看出，研究期内，北京、上海和广东的全要素生产率整体水平最高，此外，福建、天津、浙江和江苏分列 4 到 7 位，可见，全国来看，北京、天津以及东部沿海省份的全要素生产率仍然保持较为明显的优势，经济发展质量较高，且除福建外，其余几个省份全要素生产率的平均变化率也大于零，表明这些省份在研究期内全要素生产率整体上保持着上升态势。吉林、云南、甘肃、辽宁、安徽和江西等 6 个省份的全要素生产率均值都小于 1，排名靠后，需要引起关注。此外，研究期内，在全要素生产率的平均变化率上，多数省份为正，但也有像福建、新疆、海南、河北、湖北等十个省份，全要素生产率平均变化率为负，表明整体上保持了下降态势，这将不利于地区实现经济高质量发展。

表 5.2　　代表性年份各省份全要素生产率测度结果汇总

省　份	2009	2012	2015	2018	均值	平均变化率（%）	排名
北　京	2.52	2.67	3.26	3.33	2.84	3.15	1
上　海	1.64	2.12	2.46	2.95	2.27	6.76	2
广　东	1.98	2.19	2.28	2.33	2.16	1.83	3
福　建	1.84	1.67	1.75	1.72	1.73	-0.76	4
天　津	1.41	1.53	1.60	1.92	1.58	3.43	5
浙　江	1.33	1.45	1.70	1.74	1.56	3.05	6
江　苏	1.48	1.49	1.62	1.67	1.54	1.36	7

续表

省份	2009	2012	2015	2018	均值	平均变化率（%）	排名
内蒙古	1.41	1.40	1.69	1.72	1.54	2.26	8
新疆	1.61	1.46	1.60	1.43	1.50	-1.32	9
海南	1.48	1.33	1.35	1.34	1.39	-1.15	10
河北	1.48	1.37	1.33	1.37	1.36	-0.92	11
湖南	1.32	1.33	1.36	1.44	1.35	1.01	12
湖北	1.29	1.32	1.29	1.28	1.28	-0.06	13
山东	1.33	1.13	1.34	1.56	1.27	1.84	14
广西	1.31	1.29	1.19	1.21	1.26	-0.86	15
宁夏	1.28	1.19	1.37	1.30	1.26	0.14	16
黑龙江	1.11	1.05	1.28	1.57	1.19	3.97	17
重庆	1.23	1.34	1.07	1.16	1.15	-0.59	18
河南	1.09	1.16	1.15	1.17	1.14	0.78	19
贵州	1.11	1.12	1.14	1.21	1.12	0.95	20
青海	1.34	1.01	0.99	1.13	1.10	-1.89	21
山西	1.00	1.04	1.07	1.23	1.05	2.25	22
四川	0.90	1.02	1.13	1.20	1.05	3.20	23
陕西	1.10	0.93	1.02	0.98	1.00	-1.21	24
吉林	0.87	0.92	1.07	1.20	0.99	3.72	25
云南	0.95	0.99	0.96	1.07	0.97	1.42	26
甘肃	0.86	0.87	0.93	1.03	0.92	1.95	27
辽宁	0.74	0.89	0.94	0.98	0.89	3.13	28
安徽	0.87	0.91	0.84	0.85	0.86	-0.30	29
江西	0.82	0.86	0.83	0.85	0.85	0.39	30

三 相关性分析及多重共线性分析

（一）Person 相关系数检验

由检验结果可知（见表 5.3），变量间的 Person 相关系数均小于 0.6，人力资本（$human$）与对外开放水平（$open$）的相关系数最大，为 0.5252，可认为变量间不存在严重的多重共线问题。同时 $colla$ 与 tfp 之间相关系数为正，且在 1% 水平下显著，初步验证了假设 1。

表 5.3　　　　　　　　Person 相关系数汇总

	tfp	colla	open	human	net	er
tfp	1.0000					
colla	0.2300***	1.0000				
open	0.1621***	0.3575***	1.0000			
human	0.3796***	0.5718***	0.5252***	1.0000		
net	0.3740***	0.0822	0.0037	0.4558***	1.0000	
er	0.3556***	0.3170***	0.3848***	0.4482***	0.4104***	1.0000

注：***表示在0.01的水平上显著。

（二）方差膨胀因子 VIF 检验

检验结果如表 5.4 所示。所有变量中人力资本的方差膨胀因子最大，为 2.64，但远小于 10，因此也可以认为变量间不存在明显的多重共线性问题。

表 5.4　　　　　　　　VIF 检验结果汇总

	colla	open	human	net	er	平均数
VIF	1.62	1.69	2.64	1.71	1.52	1.83
1/VIF	0.616	0.593	0.379	0.584	0.660	

四　回归结果分析

（一）静态面板模型回归结果分析

首先对构建的静态面板模型式（5.1）和（5.2）回归结果进行分析，并采用 Hausman 检验确定采用随机效应模型还是固定效应模型。回归结果如表 5.5 所示，其中列①和②是对式（5.1）和（5.2）的回归结果，列①结果表明，区域创新生态系统供需协同能在 1% 的水平下显著提升全要素生产率，列②结果表明，在加入核心解释变量平方项后，不仅二次项系数不显著，表明不存在非线性关系，且一次项回归结果也不再显著。由此可见，区域创新生态系统供需协同能显著提升全要素生产率。验证了假设 1。

表 5.5 面板模型回归结果汇总

变量	静态面板		动态面板	
	①	②	③	④
模型设定	FE	FE	SYS-GMM	SYS-GMM
$L.tfp$			0.624*** (21.81)	0.618*** (26.04)
$colla$	0.053*** (2.33)	0.072 (0.89)	0.040*** (4.66)	0.151*** (12.17)
$colla^2$		0.007 (0.24)		0.054*** (11.16)
$open$	0.017* (1.92)	0.017* (1.88)	0.002 (0.29)	0.002 (0.29)
$human$	-0.344*** (-6.33)	-0.344*** (-6.32)	0.010 (0.39)	0.016 (0.72)
net	-0.109*** (-3.57)	-0.110*** (-3.56)	0.042*** (8.83)	0.042*** (9.57)
er	0.416*** (3.53)	0.417*** (3.53)	0.393*** (5.70)	0.432*** (7.80)
$cons$	-0.747* (-1.78)	-0.736* (-1.74)	0.002*** (8.40)	-0.573*** (-8.07)
时间	YES	YES	YES	YES
地区	YES	YES	YES	YES
N	300	300	300	300
R^2	0.446	0.446		
Hausman	45.87**	44.09**		
AR(1)			0.0279	0.0225
AR(2)			0.2512	0.2373
sargen			0.2520	0.2785

注：***、**、*分别表示在 0.01、0.05 和 0.1 的水平上显著；括号中为 t 值。

（二）动态面板回归结果分析

在动态面板回归中，常用的方法有差分 GMM 和系统 GMM，由于后种方法比前种方法的估计结果更加准确（徐成红和李标，

2012），因此，此处以系统 GMM 回归结果为准进行分析，将差分 GMM 作为稳健性检验在后文中列出。表 5.5 中列③和④分别为式 (5.3) 和 (5.4) 的回归结果。回归结果显示，AR (1) 和 AR (2) 均分别小于和大于 0.1，一阶序列相关存在，二阶序列相关不存在，相关性检验通过，Sargen 值大于 0.1，表明工具变量有效，说明系统 GMM 估计结果准确且可靠。列③回归结果表明，区域创新生态系统供需协同对促进全要素生产率提升有积极作用，且在 1% 水平下显著，列④在加入平方项后一次项系数仍显著为正，二次项系数也显著为正，表明二者间表现为显著的"U"形关系，且拐点为 -1.398[①]。结合变量描述性统计结果可以看出，超过 75% 的样本区域创新生态系统供需协同指数大于拐点值 -1.398，因此一次项系数为正，拐点处对应的区域创新生态系统供需协同指数原始值为 0.247。表明研究期内，多数样本通过促进区域创新生态系统供需协同能有利于促进全要素生产率提升。回归结果验证了假设 1 和假设 2。同时，被解释变量滞后项系数显著为正且较其他变量系数明显较大，这表明地区的全要素生产率在很大程度上受上期的影响，即存在显著的路径依赖。

（三）静态面板模型与动态面板模型回归结果对比分析

对比静态面板模型和动态面板模型的回归结果发现，核心解释变量区域创新生态系统供需协同的一次项及二次项与全要素生产率之间的数量关系基本保持一致，仅在显著性上存在一定的差别。但根据模型设定，静态面板模型主要用于考查当期被解释变量与核心解释变量间的关系，适用于分析变量间的短期效应，在动态面板模型中还进一步加入被解释变量的滞后项，考察的是在前期被解释变量影响下，核心解释变量与被解释变量之间的数量关系，因而更适用于分析变量间的长期关系。因此，回归结果可以进一步说明，短期来看，区域创新生态系统供需协同对全要素生产率提升有积极作

---

① 拐点的计算方法为 $-0.151 \div (2 \times 0.054)$，下同。

用，长期来看，只有当区域创新生态系统供需协同指数大于拐点后，供需两侧协同水平不断提升才能对促进全要素生产率提升产生积极的正向影响。本书认为，这与研究期内，多数省份创新生态系统中逐渐松散的产学研协同关系使得地区处于创新供给能力滞后的状态，难以满足日益增长的创新需求水平有关，这使得区域创新生态系统在自组织作用下率先从供给子系统发力，通过加强产学研融合、协同创新以满足系统需求水平，从而能提升现实生产力，因而有助于促进全要素生产力提升。但从长期看，由于地区创新需求子系统与创新供给子系统均处在不断变化与自我调整中，系统供需协同指数较低时，不利于科技与经济融合，因而难以对全要素生产率产生促进作用，但通过科技创新成果等的不断积累，同时在市场、政府等多重作用调节下，各省份创新供给能力及创新需求水平都能通过调整达到彼此相互适应的水平，使得二者间协同水平也将逐渐提升，并发挥出其对全要素生产率提升的正向促进作用，从而使创新生态系统供需协同指数越过拐点后能对全要素生产率产生正向影响。因此，从长远来看，为使全要素生产率保持持续上升态势，各省份都应积极采取措施不断提升创新生态系统供需互动、强化系统供需协同，以使系统处于供需两个子系统良好的协同发展态势之中。

（四）控制变量回归结果分析

在控制变量方面，短期来看，对外开放以及地区环境水平都能对全要素生产率产生促进作用，这可能是因为较高的区域开放水平能对知识溢出、技术引进、人才流动等都具有积极影响，能为促进全要素生产率提升带来积极影响，良好的环境水平能对地区经济发展起到积极作用等原因有关，但长期来看，对外开放对全要素生产率的正向促进作用不显著，这可能与研究期内的对外开放水平及各省份人力资本储备尚不足以满足地区长期发展的需求有关，因此，对外开放仍有待进一步加强，环境水平对全要素生产率仍有显著的促进作用。在人力资本方面，其在短期对全要素生产率有显著抑制作用，但在长期对全要素生产率有正向的不显著作用，究其原因，人力资本能为地区带来丰厚的人口红利，对经济发展有重要意义，这可能是因为研究期内多数省份人力资本水平普遍较低，尚无法从长期满足促进全要素生产率提升的效果，但由于较高的人力资本水平能为地区带来丰厚的人口红利，这对地区经济发展和全要素生产率提升都具有重要意义，因此各省份要持续关注地区的人力资源状况，不断加强高等教育以增加人才储备。地区基础设施建设对全要素生产率提升有积极作用，这主要是因为地区通过进一步完善以互联网联通为代表的基础设施条件对加快信息交流、共享等方面具有积极意义，因而各省份都应不断加强基础设施建设，以满足地区发展的要求。

五 稳健性检验

考虑到模型估计过程中可能出现在模型估计方法选取、变量测度误差、反向因果等方面存在的问题而对研究结论产生影响，因此，为检验模型估计结果的可靠性和稳健性，进一步通过改变全要素生产率的测度方法、剔除部分样本数据和考虑由于反向因果产生的内生性问题等多种方法对回归结果进行稳健性检验。

（一）静态面板模型的稳健性检验

对静态面板模型的稳健性检验主要考虑三种情况。一是考虑到区域创新生态系统供需协同与全要素生产率之间可能存在反向因果的问题，即是区域创新生态系统供需协同影响了全要素生产率，还是全要素生产率影响了区域创新生态系统供需协同。本书将区域创新生态系统供需协同指数的滞后一期作为工具变量，采用2SLS对模型进行估计，原因是滞后一期的区域创新生态系统供需协同水平会影响当期区域创新生态系统供需协同水平，但滞后一期区域创新生态系统供需协同水平又不太可能影响到当期全要素生产率，这就能在一定程度上缓解区域创新生态系统供需协同与全要素生产率之间的反向因果问题。结果见表5.6中①列。

二是通过改变全要素生产率测度方法进行稳健性检验。对全要素生产率测度时用到的投入要素弹性是采用要素报酬率表征的，此处通过对柯布-道格拉斯生产函数采用变系数模型进行估计分别得到各省份劳动力和资本要素的产出弹性后，带入全要素生产率计算公式得出。更换全要素生产率测度方法后回归结果见表 5.6 中②列。

三是通过剔除特殊样本值达到更换样本的目的进行稳健性检验。本研究对整体样本数据进行 1% 和 99% 的缩尾处理，剔除样本中的极端值后再回归。回归结果如表 5.6 中③列。

综合来看，在考虑反向因果、更换被解释变量测度方法以及剔除极值样本后对静态面板模型再次回归发现，区域创新生态系统供需协同的一次项及二次项与全要素生产率之间的数量关系不变，仅在显著性上有些许差异，回归结果与前文基本保持一致，因此，可以认为研究结论在一定程度上具有稳健性。另外，由于式（5.1）和（5.2）回归结果大体一致，此处仅列出式（5.2）的回归结果。

表 5.6　　　　　　　　　稳健性检验结果汇总

变量	静态面板模型			动态面板模型		
	①	②	③	④	⑤	⑥
模型设定	2SLS	FE	FE	DIFF-GMM	SYS-GMM	SYS-GMM
$L.tfp$				0.066 (0.73)	0.507*** (22.35)	0.620*** (21.95)
$colla$	0.165 (0.71)	0.208** (2.42)	0.077** (1.98)	0.007** (2.23)	0.035** (1.96)	0.142*** (7.29)
$colla^2$	0.114 (1.19)	0.058* (1.76)	0.009** (2.30)	0.005 (0.51)	0.010 (1.10)	0.047*** (6.19)
$open$	0.006 (0.39)	0.001 (0.14)	0.016* (1.85)	0.010 (1.50)	-0.008*** (-3.66)	0.001 (0.03)
$human$	-0.031** (-1.81)	-0.202*** (-3.05)	-0.333*** (6.18)	-0.130*** (-3.31)	-0.074** (-2.39)	0.029 (1.33)
net	-0.147 (-3.50)	-0.102*** (-3.11)	-0.107*** (-3.50)	0.070*** (9.38)	-0.048*** (-14.82)	0.041*** (7.86)

续表

变量	静态面板模型			动态面板模型		
	①	②	③	④	⑤	⑥
er	0.374* (1.93)	-0.078 (-0.62)	0.418*** (3.58)	0.360*** (5.11)	0.114*** (4.41)	0.327*** (5.12)
$cons$	0.633 (0.90)	0.341*** (0.76)	-0.749* (-1.79)	-1.274*** (-4.98)	-0.274*** (-3.25)	-1.193*** (-5.28)
时间	YES	YES	YES	YES	YES	YES
地区	YES	YES	YES	YES	YES	YES
R^2	0.963	0.592	0.438			
Hausman		41.05***	43.52***			
AR（1）				0.0881	0.0200	0.0282
AR（2）				0.3717	0.2433	0.2788
Sargen				0.3760	0.2140	0.1836

注：***、**、*分别表示在 0.01、0.05 和 0.1 的水平上显著；括号中为 t 值。

（二）动态面板模型稳健性检验

对动态面板模型进行稳健性检验，主要考虑更换模型估计方法、改变全要素生产率估算方法及剔除样本极值三个方面。

在模型估计方法上，前文中主要采用系统 GMM 方法进行分析，此处采用动态面板模型常用的另一种估计方法——差分 GMM 模型估计，结果见表 5.6 中④列；

在改变全要素生产率测度方法和剔除样本极值两方面对指标及样本量的处理方式与进行静态面板模型稳健性检验时相同，回归结果分别见表 5.6 中的⑤和⑥列。

可以看出，不同形式的稳健性检验结果都显示，动态面板模型中代表区域创新生态系统供需协同的一次项与二次项和全要素生产率的关系与前文基本保持一致，仅在显著性上有些许差异。因此，也可认为研究结论具有一定的稳健性。假设 1 和假设 2 得到验证。同样的，此处仅列出式（5.4）的回归结果。

第二节 区域创新生态系统供需协同影响全要素生产率的异质性分析

以上通过全样本数据，采用静态面板模型和动态面板模型对区域创新生态系统供需协同与全要素生产率之间的数量关系进行了分析，揭示出二者间的一般性规律。但就中国来讲，各省份不论在经济发展水平、区域创新生态系统建设与完善程度，还是在地区研发投入、基础设施建设等方面，甚至在创新供给能力和创新需求水平上也都存在明显差异，这些都可能使区域创新生态系统供需协同对全要素生产率的作用效果表现出一定的差异。因此，本节内容进一步对异质性地区二者间的直接关系进行分析。由于静态面板模型式（5.1）和（5.2）及动态面板模型式（5.3）和（5.4）的回归结果大体一致，以下对于异质性地区的考察仅列出加入核心解释变量二次项的回归结果，即式（5.2）和（5.4）的回归结果。

一 基于不同地理区位的异质性检验

本节首先基于地理区位的不同，按照传统的东、中、西部地区划分进行回归结果的异质性分析[①]。同时，为便于结果讨论，本研究将中、西部地区合并，即分析东部和中西部地区的差异。回归结果如表5.7所示。在东部地区，静态面板和动态面板模型的回归结果分别为负、正，但均不显著；中西部地区，静态面板模型中，二者呈显著的线性关系，表明区域创新生态系统供需协同能促进全要素生产率提升，在动态面板模型中，二次项系数也显著为正，呈拐点为-1.500的"U"形关系，一次项系数为正，多数样本位于"U"形曲线右侧，即多数样本创新生态系统供需协同对促进全要素

---

① 东部地区包括北京、天津、河北、辽宁、上海、江苏、浙江、福建、山东、广东和海南共11个省份；中西部地区包括山西、吉林、黑龙江、安徽、河南、湖北、湖南、内蒙古、广西、重庆、四川、贵州、云南、陕西、甘肃、青海、宁夏和新疆共19个省份。

生产率提升有显著的正向作用，拐点对应的区域创新生态系统供需协同指数原始值为 0.223。

表 5.7 　　　　　　　　基于地理区位差异的回归结果

变量	东部		中西部	
	静态面板	动态面板	静态面板	动态面板
模型设定	RE	SYS-GMM	RE	SYS-GMM
$L.tfp$		0.637*** (3.29)		0.516*** (4.44)
$colla$	-0.296 (-1.10)	0.422 (1.30)	0.177* (1.78)	0.093** (2.02)
$colla^2$	-0.177 (-1.15)	0.274 (1.18)	0.042 (1.17)	0.031*** (2.06)
$open$	-0.003 (-0.13)	0.021 (0.49)	0.022** (2.29)	0.011 (1.29)
$human$	-0.367*** (-3.63)	-0.382* (-1.66)	-0.381*** (-5.20)	-0.183*** (-2.68)
net	-0.129** (2.31)	0.087*** (3.47)	-0.055 (-1.11)	0.042*** (4.95)
er	-0.034 (-0.14)	-1.211 (-1.44)	0.537 (3.83)	0.424*** (4.35)
$cons$	1.098 (1.4)	4.877 (1.50)	-1.357*** (-2.72)	-1.441*** (-456)
时间	YES	YES	YES	YES
地区	YES	YES	YES	YES
N	110	110	190	190
R^2	0.5866		0.3689	
Hausman	25.81***		9.24	
AR（1）		0.0038		0.0162
AR（2）		0.0752		0.8322
sargen		1.0000		0.9441

注：***、**、* 分别表示在 0.01、0.05 和 0.1 的水平上显著；括号中为 t 值。

究其原因，东部地区集中了全国经济发展水平相对较高的省份，这些省份普遍创新活动开展频繁、创新需求相对旺盛，但由于东部地区长期作为世界加工厂，以低端嵌入的形式参与到全球价值链分工体系中，产业结构趋于初级化，因此可能在一定程度上难以形成有效的创新需求用以消化创新供给，限制了科技创新成果的转化，且研究期内，东部的江苏、浙江、广东等省份较低的产学研协同水平使得创新供给能力相对创新需求水平逐步呈现滞后特征，因此短期来看，东部地区多数省份的创新生态系统供需协同并不利于全要素生产率提升，但从长期来看，伴随地区产业结构转型、经济结构优化等，新兴产业、高技术产业等逐步发展以及产学研三方协作的不断调整，将能使地区创新供需协同水平逐步提升，从而有助于规避创新生态系统供需协同水平较低对全要素生产率可能产生的负向作用，但由于研究期东部地区各省份创新生态系统供需协同水平整体上也较低（见表3.6），尚与地区经济发展、产业发展等不匹配，因而对促进全要素生产率提升的正向作用并不显著。因此，东部地区要不断加强产学研三方合作，以缓解地区创新活动风险，为地区生产更多满足现实需求的创新成果，同时，不断促进创新生态系统供需协同水平，通过创新供需双方协同攀升以显著发挥系统整体协同对全要素生产率的正向影响。中西部地区经济发展水平相对东部地区较低，虽然创新供需两个子系统协同水平也较低，但产学研协同合作却较为紧密，这有助于为地区提供更多的满足创新需求的创新成果，因而短期内区域创新生态系统供需协同能显著促进全要素生产率提升，但从长期看，仅有密切的产学研合作难以使成果形成有效生产力，还需要有创新需求侧的配合与提升，只有创新供需两个子系统协同水平较高才有助于全要素生产率提升，从而使得区域创新生态系统供需协同与全要素生产率之间呈显著的"U"形关系，即区域创新生态系统供需协同指数需大于拐点值后才有利于全要素生产率提升。因此，中西部地区要在维持产学研协同创新优势的基础上，不断丰富地区价值主张，通过地区价值主张的多元化发展为地区寻找新的经济增长点，为地区创造更多创新需求，以提高创新供需协同水平推动全要素生产率提升。

二 基于不同资源依赖水平的异质性检验

中国大一统格局的形成与地理禀赋分布不均密切相关（王冬、孔庆峰，2013）。资源禀赋是地理禀赋重要的一个方面，其对地区产业发展和结构演变（裴耀琳、郭淑芬，2021）、地区创新（Papyrakis，2011）等都有影响，可以在很大程度上影响甚至决定地区的创新供给和需求，从而使不同资源禀赋水平的地区创新生态系统供需协同对全要素生产率的作用效果存在差异。根据已有研究结论，虽然地区经济受资源禀赋的影响，但资源依赖才是产生"资源诅咒"的原因（Gylfason、Zoega，2010）。因此，本研究还以不同资源依赖水平地区作为研究对象，考察区域创新生态系统供需协同与全要素生产率之间作用关系的差异。

参照孙慧和邓小乐（2018）的做法，以资源型产业对工业经济的贡献是否超过50%作为依据，将30个省份划分为高资源依赖型地区和低资源依赖型地区两组，其中前者包括河北、山西、内蒙古、海南、贵州、云南、陕西、甘肃、青海、宁夏和新疆等11个省份，后者包括其余的19个省份。分别以两组样本为研究对象，对静态面板模型和动态面板模型进行回归。

回归结果如表5.8所示。研究期内，无论是高资源依赖型地区还是低资源依赖型地区，创新生态系统供需协同对全要素生产率的短期影响效应均为负，且都不显著。但从长期来看，高资源依赖型地区创新生态系统供需协同的一次项和二次项与全要素生产率之间的关系虽均为负，但并不显著，低资源依赖型地区却都在1%水平上显著为正。这意味着低资源依赖型地区创新生态系统供需协同与全要素生产率之间呈显著的"U"形关系，拐点值为－1.127，即当区域创新生态系统供需协同指数小于拐点值时，系统供需两侧协同水平提升不利于促进全要素生产率提升，但当区域创新生态系统供需协同指数大于拐点值后，加强地区创新生态系统供需互动将能显著促进全要素生产率提升。拐点所对应的区域创新生态系统供需协同指数原始值为0.324。

表5.8 不同资源依赖水平地区回归结果汇总

变量	高资源依赖型地区		低资源依赖型地区	
	静态面板	动态面板	静态面板	动态面板
模型设定	RE	SYS-GMM	FE	SYS-GMM
$L.tfp$		0.646*** (7.49)		0.726*** (14.99)
$colla$	-0.039 (-0.33)	-0.697 (-1.19)	-0.164 (-0.97)	0.275*** (6.63)
$colla^2$	-0.018 (-0.44)	-0.241 (-1.19)	-0.141* (-1.66)	0.122*** (4.27)
$open$	0.008 (0.88)	-0.017 (-0.79)	0.016 (0.99)	-0.015 (-0.91)
$human$	-0.132* (-2.02)	0.582 (1.03)	-0.562*** (-6.72)	0.018 (0.42)
net	-0.103* (-1.94)	-0.017 (-0.34)	-0.019 (-0.44)	0.044*** (4.88)
er	0.726*** (5.26)	-0.484 (-0.51)	0.138 (0.74)	0.385* (1.65)
$cons$	-2.130*** (-4.33)	1.045 (0.31)	0.223 (0.32)	-1.353* (-165)
时间	YES	YES	YES	YES
地区	YES	YES	YES	YES
N	110	110	190	190
R^2	0.4133		0.5658	
Hausman	19.36***		38.17***	
AR (1)		0.0336		0.0542
AR (2)		0.3509		0.1655
sargen		1.0000		0.8653

注：***、**、*分别表示在0.01、0.05和0.1的水平上显著；括号中为t值。

对比两类型地区的回归结果可以看出，低资源依赖型地区和高资源依赖型地区创新生态系统供需协同与全要素生产率之间的关系表现出明显的异质性。这可能主要是因为，高资源依赖型地区对资源类产业发展的高投入使得其对创新活动的投入形成挤出，不利于地区创新活动开展，同时，由于这类地区能凭借资源开采、加工等初级行业在短期内获取高额的资源收益，因而对创新的需求也相对较弱，产学研合作所形成的创新供给也难以与地区价值主张相吻合，从而使得区域创新生态系统供需两个子系统协同水平较低。同时结合表3.8也可以看出，在所选取的高资源依赖型省份中，研究期普遍处于创新供给能力相对创新需求水平超前的状态，表明受资源依赖影响，地区价值主张所反映出的技术需求水平较低。且对比两类型地区创新生态系统供需协同指数也可看出高资源依赖型地区较低资源依赖型地区的区域创新生态系统供需协同指数较低（见图5.1），因此高资源依赖型地区区域创新生态系统供需协同并不能使全要素生产率显著地向好发展。但从长远考虑，高资源依赖地区仍然需要以丰富地区价值主张为主，从而不断促进创新供给能力与创新需求水平的协同水平提升，使创新生态系统供需协同能够发挥其对全要素生产率提升的正向影响。低资源依赖型地区则与此相反，由于全要素生产率提升是衡量地区发展的重要指标之一，这类型地区对知识生产、创新活动开展需求旺盛，但一方面受当前科技成果转化率低等问题制约，科技成果难以转变为现实生产力，另一方面，创新成果转化为现实生产力的过程也一般存在一定的滞后，因而区域创新生态系统供需协同在短期内无法促进全要素生产率提升，但从长期来看，在系统自组织作用下，产学研合作将不断深化，能提供与地区系统价值主张相吻合的创新成果，因此促进系统供需两个子系统互动与协同可以对全要素生产率提升产生有益的积极作用。且从表3.8中也可看出，研究期内，在所选定的低资源依赖型地区中的部分省份创新生态系统供需两个子系统呈现出由创新供给能力由相对超前逐渐转向相对滞后的状态，表明这类省份研究期内的产学研协同创新水平已逐步难以满足地区日益丰富的多样化的协同价值主张。因此，为不断促进地区全要素生产率提升，低资源依赖型地区要以优化产学研协同、加强产学研合作为首要任务，以强化供需两个子系统互动、关联去提升二者协同水平，从而能在达到促进全要素生产率提升这一目的的同时，实现使创新生态系统供需两个子系统协同演化与发展的目的。

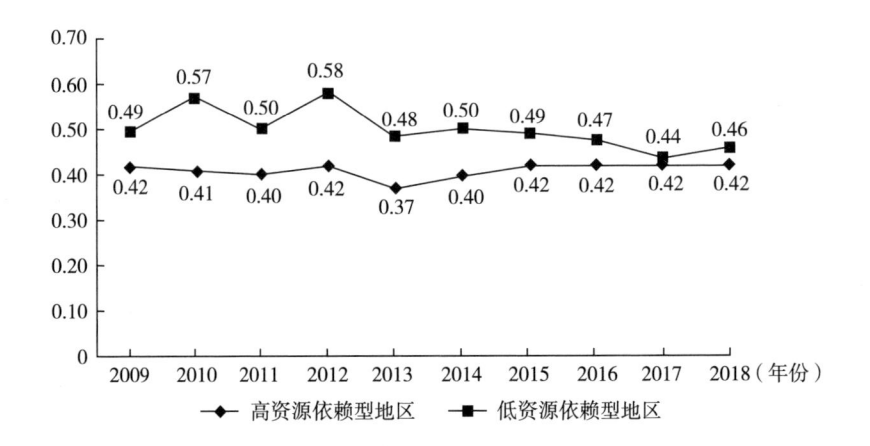

图 5.1　高、低资源依赖型地区创新生态系统供需协同指数均值演变情况

三　基于不同全要素生产率水平的异质性检验

以上的研究考虑的都是随区域创新生态系统供需协同水平发生变化，全要素生产率会随之如何变化。然而地区经济发展水平也会使得不同地区二者间作用关系产生不同。因此，本小结考虑在不同的全要素生产率水平区间内，区域创新生态系统供需协同会对全要素生产率产生何种影响，及二者间作用关系会表现出何种异质性。本小结采用分位数回归，以 p10、p25、p50、p75 和 p90 作为分位点进行检验，回归结果如表 5.9 所示。

如表 5.9 所示，当在全要素生产率的 p10 分位点上时，区域创新生态系统供需协同对全要素生产率提升有显著的促进作用，在全要素生产率水平较低时，区域创新生态系统供需协同可以为地区带来更多的现实生产力,对地区技术进步、结构调整等具有积极作用,因而系统供需协同可以显著促进全要素生产率上升,但"U"形关系亦表明供需协同水平要越过拐点值后才能表现出正向的促进作用;当全要素生产率在 p25 和 p50 分位点上时,区域创新生态系统对全要素生产率没有显著的促进作用,其中在 p25 分位点上系数甚至为负,不利于全要素生产率提升;但当全要素生产率超过 p50 分位点,达到 p70 和 p90 分位点时,区域创新生态系统供需协同又能对全要素生产率产生正向的促进作用,且都为"U"形关系。对比一次项系数可以看出,随全要素生产率提升,区域创新生态系统供需协同对全要素生产率显著的正向影响变得不显著,但随着全要素生产率进一步提升,区域创新生态系统供需协同又能对全要素生产率提升表现出显著的促进作用,且作用效果逐渐增大。由此可见,对于不同全要素生产率水平的地区,二者间作用关系体现出一定的差异。

表 5.9　　　　　不同全要素生产率水平的回归结果汇总

变量	① p10	② p25	③ p50	④ p75	⑤ p90
$colla$	0.477*** (0.226)	−0.061 (0.232)	0.228 (0.286)	0.666*** (0.253)	0.755*** (0.287)
$colla^2$	0.171* (0.091)	−0.012 (0.934)	0.121 (0.115)	0.252** (0.102)	0.247** (0.116)
$open$	−0.0024 (0.024)	0.005 (0.025)	0.035 (0.031)	0.025 (0.027)	0.079** (0.031)
$human$	−0.009 (0.102)	−0.078 (0.105)	0.148 (0.130)	0.078 (0.115)	−0.145 (0.130)
net	0.049 (0.303)	0.092*** (0.034)	0.060 (0.042)	0.083** (0.037)	0.145*** (0.0419)
er	0.071 (0.220)	0.425* (0.226)	0.635*** (0.278)	0.804*** (0.247)	0.880*** (0.280)

续表

变量	①	②	③	④	⑤
	p10	p25	p50	p75	p90
cons	-0.175*** (0.755)	-1.792** (0.811)	-2.325*** (0.998)	-2.524*** (0.885)	-2.618*** (1.004)
N	300	300	300	300	300

注：***、**、*分别表示在0.01、0.05和0.1的水平上显著；括号内为标准误。

第三节 区域创新生态系统供需协同对全要素生产率的间接影响

一 模型构建与数据说明

（一）模型构建

采用递归分析方法检验区域创新生态系统供需协同对全要素生产率的间接影响机制。考虑到经济活动具有持续性，因此在估计方程中均加入被解释变量滞后一期构建动态面板模型。中介效应模型构建过程如下。

首先，在估计方程中暂不加入中介变量，用于检验区域创新生态系统供需协同对全要素生产率的综合效应，如式（5.6）所示：

$$tfp_{it} = \alpha + \beta_0 tfp_{it-1} + \beta_1 colla + \beta_5 X_{it} + \sigma_{it} + \mu_{it} + \varepsilon_{it} \tag{5.6}$$

其次，分别以各中介变量和区域创新生态系统供需协同为被解释变量和解释变量构建模型，以验证区域创新生态系统供需协同是否对中介变量产生影响，如式（5.7）：

$$Z_{it} = \alpha + \theta_0 Z_{it-1} + \theta_1 colla + \theta_3 X_{it} + \sigma_{it} + \mu_{it} + \varepsilon_{it} \tag{5.7}$$

最后，构建包含被解释变量、中介变量及核心解释变量的待估方程，以验证区域创新生态系统供需协同是否能通过影响各中介变量进一步作用于全要素生产率，如式（5.8）所示：

$$tfp_{it} = \alpha + \lambda_0 tfp_{it-1} + \lambda_1 colla + \lambda_2 Z_{it} + \lambda_3 X_{it} + \sigma_{it} + \mu_{it} + \varepsilon_{it} \tag{5.8}$$

在式（5.6）—（5.8）中，Z_{it} 为并列的三条作用路径所分别代表的中介变量，借鉴的是已在心理学领域得到广泛运用的一元并行的形式。模型中其余符号的含义及测度方式等都与前文相同，控制变量 X_{it} 的选取也与前文相同，此处均不再赘述。

中介效应估计步骤如下：首先对式（5.6）估计，若 β_1 显著，则代表 colla 能引起 tfp 的变动，再分别以三条作用路径的相关变量为被解释变量对式（5.7）估计，若 θ_1 显著，则表明 colla 能引起相应的中介变量变动，最后以不同中介变量分别对式（5.8）进行估计，若 λ_1、λ_2 均显著，则中介效应存在，若 λ_1 显著 λ_2 不显著，则中介效应不存在，若 λ_1 不显著 λ_2 显著，则为完全中介。此外，模型采用系统 GMM 方法进行估计。

（二）变量说明

由于被解释变量、核心解释变量和控制变量均与前文相同，均不再赘述，此处仅对所选取的中介变量进行说明。中介变量涉及技术进步、产业结构调整以及创新要素配置三个方面。以下具体说明三者的计算过程。

1. 技术进步

在全要素生产率的测度上，除了本研究所采用的方法外，Mamlquist 指数也是常用的方法，其测度的全要素生产率的变化率。Mamlquist 指数可以被分解为技术变动（techch）和规模效率变动（effch）两部分。本研究参考刘兰剑和滕颖（2020）、关海玲和武祯妮（2020）的研究，以该指数分解得到的技术变动项作为此处技术进步的代理指标。

2. 产业结构调整

整体来看，产业结构调整主要包括产业结构合理化（RIS）和产业结构高级化（OIS）两个方面（干春晖等，2011），其中前者反映的是产业间的协调程度和资源有效利用程度，后者反映的是产业结构重心由低向高转移的过程。参考孙学涛（2018）的研究，将产业结构调整的这两个方面都作为中介变量去分析区域创新生态系统供需协同与全要素生产率间的作用路径。

产业结构合理化（RIS）的测度借鉴干春晖等（2011）的做法，计算公式为：

$$RIS = \sum_{i=1}^{n}\left(\frac{Y_i}{Y}\right) ln\left(\frac{\frac{Y_i}{L_i}}{\frac{Y}{L}}\right) \tag{5.9}$$

式（5.7）中，Y_i 和 L_i 分别表示产业 i 的产值以及从业人数，其中 $i=1,2,3$，分别表示第一、二、三产业；Y 和 L 分别表示各产业总产值以及总从业人员数。该公式计算得出的 RIS 是负向指标，即值越大，表示产业结构越不合理。

产业结构高级化（OIS）的测度采用配第·克拉克关于产业结构演变规律中的地区产业结构升级系数测度，计算公式为：

$$OIS = \theta_1 + 2\theta_2 + 3\theta_3 \tag{5.10}$$

其中，θ_1、θ_2 和 θ_3 分别为三次产业占 GDP 的比重，该指标为正向指标，即值越大，表示产业结构越高级化。

3. 创新要素配置

用创新要素误置程度作为衡量地区创新要素配置的代理变量。所谓要素误置是相对要素有效配置而言的，要素有效配置指从社会角度出发，有限的稀缺资源获得最大产出时的配置效率，要素误置则是对最优状态的偏离。考虑到数据可得性和完整性，本研究对创新要素的考察包括创新人才和创新资本两种。在测度方法上，主要借鉴白俊红和刘宇英（2018）计算劳动力误置指数和资本误置指数的方法，分别测算创新人才误置指数（$lmis_{it}$）和创新资本误置指数（$kmis_{it}$），即：

$$lmis_{it} = \frac{1}{\gamma_{Li}} - 1, \quad kmis_{it} = \frac{1}{\gamma_{Ki}} - 1 \tag{5.11}$$

式（5.11）中，γ_{li} 和 γ_{ki} 分别为两类创新要素的价格扭曲系数，计算公式如下：

$$\gamma_{Li} = \frac{\left(\dfrac{L_i}{L}\right)}{\left(\dfrac{s_i\beta_{Li}}{\beta_L}\right)}, \quad \gamma_{Ki} = \frac{\left(\dfrac{K_i}{K}\right)}{\left(\dfrac{s_i\beta_{Ki}}{\beta_K}\right)} \tag{5.12}$$

式（5.12）中，s_i 表示 i 省份创新总产出占全国总创新产出的份额；$\dfrac{L_i}{L}$ 和 $\dfrac{K_i}{K}$ 分别表示 i 省份创新人才和创新资本占全国总创新人才和总创新资本的比重；$\dfrac{s_i\beta_{Li}}{\beta_L}$ 和 $\dfrac{s_i\beta_{Ki}}{\beta_K}$ 分别为创新要素有效配置时 i 省份所使用创新人才和创新资本的比例；β_{Li} 和 β_{Ki} 代表利用创新生产函数估计得到的各省份创新人才和创新资本的产出弹性；γ_{Li} 和 γ_{Ki} 反映两种创新要素误置，当 γ_{Li} 或 γ_{Ki} 大于 1，即 $lmis_{it}$ 或 $kmis_{it}$ 小于 0 时，表示创新要素配置存在冗余，反之，则为配置不足。但此时的配置冗余或配置不足两种状态均不是其绝对量上的过多或过少，而是相对于既定的创新产出数量，两种创新要素的配置情况。

根据式（5.11）和（5.12），在计算创新要素误置指数时，要用到各省份两种创新要素的产出弹性，即 β_{Li} 和 β_{Ki} 的面板数据。因此，首先采用柯布—道格拉斯形式的生产函数构建创新生产函数如下：

$$Y_{it} = AK_{it}^{\beta_{Ki}}L_{it}^{\beta_{Li}} \tag{5.13}$$

然后，对创新产出和两种创新要素投入分别进行人均化处理，并通过在创新生产函数式（5.13）两侧取对数，并同时加入地区效应 ω_i 和时间效应 v_t 得到估算模型，即：

$$\ln\left(\frac{Y_{it}}{L_{it}}\right) = \beta_0 + \beta_{ki}\ln\left(\frac{K_{it}}{L_{it}}\right) + \omega_i + v_t + \mu_{it} \tag{5.14}$$

最后，对式（5.14）进行估计即可从中求出 β_{Ki}，$\beta_{Li} = 1 - \beta_{Ki}$。其中 Y_{it}、K_{it} 和 L_{it} 分别为 i 省份在 t 年的创新产出、创新资本投入量和创新人才投入量，依次用各省份授权专利数、科技经费内部支出和科技人员全时当量去表征。K_{it} 采用永续盘存法进行折算，计算公式为：

$$K_{it} = \frac{I_{it}}{P_{it}} + (1-\delta_t) K_{it-1} \qquad (5.15)$$

其中，I_{it} 和 P_{it} 分别为 i 省份 t 时期的科技经费内部支出和科技经费投资价格指数，由于尚没有科技经费投资价格指数的统计数据，因此参考王国顺（2010）的研究，P_{it} 用地区消费者价格指数和固定资产投资价格指数的平均数去表示；δ_t 表示科技经费投资折旧率，参照 Griliche（2000）的做法记为 15%，并以 2008 年为基期进行折算。由于创新要素误置指数存在大于零和小于零两种情况，为使回归结果一致，借鉴季书涵等（2016）的做法，对两种创新要素误置指数取绝对值处理，以创新要素误置程度，即 $|lmis_{it}|$ 或 $|kmis_{it}|$，表示区域创新要素误置，值越大，表示创新要素误置情况越严重，为负向指标。

综上所述，在三条作用路径检验时，共涉及五个中介变量，根据各中介变量的正负属性可知，当以技术进步、产业结构高级化为中介变量时，式（5.7）回归结果中 θ_1 为正，表明区域创新生态系统供需协同对相应中介变量有促进作用，同样的，式（5.8）回归结果中 λ_1 为正，表明该中介变量能促进全要素生产率提升；当以产业结构合理化、创新人才误置程度和创新资本误置程度为中介变量时，式（5.7）和（5.8）的回归结果中 θ_1 和 λ_1 为负，表明区域创新生态系统供需协同对中介变量、中介变量对全要素生产率有促进作用。

在中介效应模型回归时，也对各变量取对数处理，根据测度结果，各中介变量统计性描述如表 5.10 所示。

表 5.10　　　　　　　　中介变量统计性描述汇总

变量	techch	RIS	OIS	$\|lmis_{it}\|$	$\|kmis_{it}\|$
mean	-0.002	0.554	0.850	-1.238	-1.017
sd	0.011	0.378	0.053	1.010	1.211
min	-0.017	-0.289	0.754	-5.848	-7.344

续表

变量	techch	RIS	OIS	$|lmis_{it}|$	$|kmis_{it}|$
max	0.144	1.587	1.032	0.598	1.103
p25	-0.008	0.251	0.813	-1.708	-1.569
p50	-0.005	0.558	0.841	-0.949	-0.577
p75	0.001	0.855	0.873	-0.606	-0.246

二 检验结果

(一) 技术进步作用路径检验结果及分析

当以技术进步作为区域创新生态系统供需协同作用于全要素生产率的传导中介时,式(5.6)至(5.8)的回归结果如表5.11所示。回归结果显示,列①表明区域创新生态系统供需协同能促进全要素生产率提升,列②表明,区域创新生态系统供需协同能促进技术进步,列③则进一步证明技术进步传导路径成立。可见,考察期内,区域创新生态系统供需协同可以通过促进地区技术进步进一步提升全要素生产率。同时可以看出,技术进步在区域创新生态系统供需协同与全要素生产率之间起部分中介的作用。验证了所提出的假设4。

表 5.11　　　　　　　技术进步路径检验结果汇总

变量	①	②	③
	tfp	techch	tfp
L.	0.624*** (21.81)	-0.035*** (-7.25)	0.631*** (22.75)
colla	0.040*** (4.66)	0.006*** (7.74)	0.042*** (5.18)
techch			0.246** (2.30)
open	0.002 (0.29)	-0.003*** (-9.65)	0.001 (0.13)

续表

变量	①	②	③
	tfp	techch	tfp
human	0.010 (0.39)	-0.033*** (-13.63)	0.010 (0.41)
net	0.042*** (8.83)	0.002*** (-14.21)	0.040*** (8.83)
er	0.393*** (5.70)	-0.567 (9.69)	0.373*** (5.15)
cons	-1.460*** (-5.93)	1.257*** (2.56)	-1.132*** (-3.52)
AR（1）	0.0279	0.0251	0.0285
AR（2）	0.2512	0.9223	0.2411
sargen	0.2520	0.1824	0.2453

注：***、**、*分别表示在0.01、0.05、0.1的水平上显著；括号中为t值。

（二）产业结构调整作用路径检验结果及分析

当以产业结构调整作为作用路径进行检验时，以产业结构合理化和产业结构高级化分别为中介变量时的回归结果如表5.12所示。其中，列①为式（5.4）估计结果，此处不再赘述。列②和④分别为产业结构调整两个方面，即产业结构合理化和产业结构高级化作为中介变量时对式（5.7）的回归结果，回归结果表明，区域创新生态系统供需协同与产业结构合理化和产业结构高级化的数量关系分别为负和正，但由于产业结构合理化为负向指标，因此，会显著促进产业结构向合理化方向转变，对产业结构高级化的促进作用也在1%水平下显著。究其原因，研究期内多数省份创新供给能力与创新需求水平之间不能保持同步发展，普遍处于创新供给能力超前的状态，科技创新成果难以形成现实生产力，但随着区域创新生态系统自组织作用的不断调整，随地区系统价值主张变化，系统供需两侧协同水平的提升有助于使科技成果向现实生产力转化，从而进一步作用于产业结构，使得产业结构向合理化和高级化方向转变。

列③和⑤则表示对式（5.8）的回归结果，其中列③的回归结果显示研究期内，产业结构合理化与全要素生产率之间系数为负，且在1%水平上显著，但由于产业结构合理化为负向指标，表明考察期内，所选取样本的产业结构向合理方向转变能对全要素生产率提升产生积极影响，同时，模型中区域创新生态系统供需协同对全要素生产率的作用方向及显著性均未改变。因此，区域创新生态系统供需协同可以通过促进产业结构合理化进一步提升全要素生产率。同样的，列⑤也表明区域创新生态系统供需协同可通过促进产业结构高级化进一步提升全要素生产率。可以看出，产业结构合理化和产业结构高级化也都在区域创新生态系统供需协同与全要素生产率之间起部分中介作用。综上所述，假设5也得到验证。

表 5.12　　　　　　　产业结构调整路径检验结果汇总

变量	产业结构合理化			产业结构高级化	
	①	②	③	④	⑤
	tfp	RIS	tfp	OIS	tfp
$L.$	0.624*** (21.81)	0.302*** (17.58)	0.576*** (16.76)	0.758*** (57.19)	0.517** (24.80)
$colla$	0.040*** (4.66)	-0.015** (-2.45)	0.023** (3.19)	0.003*** (2.96)	0.955*** (6.94)
RIS			-0.152*** (-7.42)		
OIS					0.027*** (3.86)
$open$	0.002 (0.29)	-0.041*** (-9.18)	-0.002 (-0.43)	0.004*** (5.17)	0.003 (0.42)
$human$	0.010 (0.39)	-0.036** (-2.40)	-0.054** (-2.44)	0.029*** (6.99)	-0.019 (-1.36)
net	0.042*** (8.83)	-0.066*** (-11.81)	0.038*** (8.21)	0.012*** (14.01)	0.011* (1.92)
er	0.393*** (5.70)	-0.395*** (-13.44)	0.429*** (6.09)	-0.022*** (-4.61)	0.403*** (6.38)

续表

变量	产业结构合理化			产业结构高级化	
	①	②	③	④	⑤
	tfp	RIS	tfp	OIS	tfp
cons	-1.460*** (-5.93)	2.087*** (18.03)	-1.443*** (-6.07)	0.226*** (16.26)	-2.168*** (-8.60)
AR(1)	0.0279	0.2219	0.0261	0.0016	0.0313
AR(2)	0.2512	0.5170	0.3110	0.1972	0.2908
sargen	0.2520	0.3448	0.3149	0.1430	0.2475

注：***、**、*分别表示在 0.01、0.05、0.1 的水平上显著；括号中为 t 值。

（三）创新要素配置作用路径检验结果及分析

当将创新要素配置作为区域创新生态系统供需协同影响全要素生产率的传导路径时，中介效应模型回归结果如表 5.13 所示。其中式（5.6）回归结果与表 5.12 中的列①相同，此处不再赘述。表 5.13 中列②回归结果显示，区域创新生态系统供需协同能缓解地区创新人才误置，实现创新人才的优化配置，且在 10%水平下通过统计学检验，列③则表明区域创新人才误置程度的降低也有助于促进全要素生产率上升。由此可见，区域创新生态系统供需协同可以通过优化创新人才配置进一步促进全要素生产率提升。这一方面得益于区域创新生态系统所具有的创新要素整合功能，另一方面则与创新人才具有较强的专用性有关。同样的，优化创新人才配置在二者间起部分中介作用。当以创新资本误置作为中介变量时，回归结果如表 5.13 中列④⑤所示。其中，列④表明研究期内的区域创新生态系统供需协同会使创新资本误置程度显著提升，即会加剧创新资本误置，且在 1%的水平下高度显著，不利于创新资本优化配置。列⑤则显示创新资本误置与全要素生产率之间系数为负，表明促进创新资本优化配置能对提升全要素生产率产生积极作用。由此，假设 6 没有得到完全验证。

表 5.13　　　　　优化创新要素配置路径检验结果汇总

变量	创新人才误置			创新资本误置	
	①	②	③	④	⑤
	tfp	|*lmis*|	*tfp*	|*kmis*|	*tfp*
L.	0.624*** (21.81)	0.385*** (23.76)	0.621*** (22.37)	0.505*** (80.65)	0.629*** (29.09)
colla	0.040*** (4.66)	-0.045* (-1.96)	0.043*** (4.82)	0.370*** (14.17)	0.040*** (4.40)
|*lmis*|			-0.006*** (-2.70)		
|*kmis*|					-0.018*** (-5.22)
open	0.002 (0.29)	0.203*** (6.81)	0.005 (0.78)	-0.081*** (-17.22)	-0.005 (-1.35)
human	0.010 (0.39)	0.963*** (4.75)	-0.008 (-0.30)	-0.696*** (-9.44)	0.046* (1.72)
net	0.042*** (8.83)	-0.397*** (-18.18)	0.048*** (8.37)	0.095*** (6.26)	0.031*** (8.35)
er	0.393*** (5.70)	1.685*** (4.10)	0.382*** (5.88)	3.843*** (28.72)	-0.036*** (-32.76)
cons	-1.460*** (-5.93)	-6.588*** (-4.24)	-1.419*** (-6.12)	-13.910*** (-28.24)	0.522*** (10.35)
AR（1）	0.0279	0.0244	0.0254	0.0100	0.0231
AR（2）	0.2512	0.6879	0.2381	0.1005	0.2436
sargen	0.2520	0.1820	0.3235	0.3754	0.3003

注：***、**、*分别表示在 0.01、0.05、0.1 的水平上显著；括号中为 t 值。

三　稳健性检验

对不同作用路径采用不同的方法进行稳健性检验。

一是技术进步作用路径的稳健性检验。该技术进步路径的稳健性检验采用更换被解释变量测度方法的方式进行，测度方法同前文中对直接影响进行稳健性检验一致。中介效应回归结果分别如表 5.14 中列①和②所示。由于式（5.7）回归结果同前文一致，此处及以下不再列出。

二是产业结构调整作用路径的稳健性检验。通过更换中介变量的测度方式进行稳健性检验。其中产业结构合理化运用结构偏离度进行测度，计算公式为：$RIS = \sum_{i=1}^{n} \left| \dfrac{\dfrac{Y_i}{L_i}}{\dfrac{Y}{L}} - 1 \right|$，$i=1,2,3$，表示第一、第二、第三产业，为负向指标；产业结构高级化借鉴付凌晖（2010）的做法，将 GDP 按第一、第二、第三产业进行划分，并将各产业增加值占 GDP 比重构成空间三维向量：$X_0 = (x_{10}, x_{20}, x_{30})$，同时将各产业由低到高排列构建向量 $X_1 = (1, 0, 0)$、$X_2 = (0, 1, 0)$ 和 $X_3 = (0, 0, 1)$。将 X_0 分别与 X_1、X_2 和 X_3 的夹角记为 θ_1、θ_2 和 θ_3，计算各夹角并进一步得到产业结构高级化的测度值，计算公式为：$\theta_j = \arccos \left[\dfrac{\sum_{i=1}^{3}(x_{ij} \cdot x_{i0})}{(\sum_{i=1}^{3}(x_{ij}^2))^{\frac{1}{2}} \cdot (\sum_{i=1}^{3}(x_{i0}^2))^{\frac{1}{2}}} \right]$，$j=1,2,3$，$OIS = \sum_{k=1}^{3} \sum_{j=1}^{k} \theta_j$，其中，$\theta_j$ 表示 j 产业产值占地区生产总值的比重。该公式计算得出的产业结构高级化衡量指标为正向指标。更换中介变量测度方式后的回归结果如表 5.14 中列③—⑥。

三是优化创新要素配置路径的稳健性检验。通过更换全要素生产率测度方式进行稳健性检验，测度方式同（1）。回归结果如表 5.14 中列⑦—⑩列。

根据表 5.14 回归结果显示，稳健性检验的回归结果也与上文研究结论基本一致，仅在各变量的显著性上有略微不同，在一定程度上可以认为间接机制检验结果具有稳健性。

第四节　本章小结

本章以第 4 章理论分析框架为基础，以中国 30 个省份 2009—

表 5.14　中介效应稳健性结果汇总

变量	① tfp	② tfp	③ RIS	④ tfp	⑤ OIS	⑥ tfp	⑦ tfp	⑧ tfp	⑨ tfp	⑩ tfp
L.	0.830*** (50.01)	0.830*** (85.17)	0.548*** (44.03)	0.787*** (60.21)	0.762*** (61.92)	0.518*** (28.76)	0.829*** (74.96)	0.835*** (76.85)	0.814*** (67.85)	0.821*** (69.89)
colla		0.028*** (9.78)	−0.103*** (−6.32)	0.051*** (13.57)	0.002** (2.49)	0.027*** (3.84)		0.050*** (14.55)		0.050*** (14.01)
techch	0.976*** (15.74)	0.900*** (13.35)								
RIS				−0.034*** (−12.68)						
OIS						1.159** (8.06)				
|lmis|							−0.009** (−6.08)	−0.007*** (−4.82)		

续表

变量	① tfp	② tfp	③ RIS	④ tfp	⑤ OIS	⑥ tfp	⑦ tfp	⑧ tfp	⑨ tfp	⑩ tfp
|kmis|									-0.001 (-0.84)	-0.001 (-0.97)
控制变量	控制	控制	控制	控制	控制	控制	控制	控制	控制	控制
AR(1)	0.1162	0.1320	0.2657	0.0563	0.0014	0.0314	0.0196	0.0659	0.0197	0.0692
AR(2)	0.0962	0.1396	0.4844	0.2279	0.1427	0.2879	0.2310	0.2654	0.2379	0.2725
Sargen	0.1341	0.1344	0.3355	0.1353	0.1471	0.2463	0.1447	0.1447	0.1374	0.1529

注：***、**、*分别表示在0.01、0.05、0.1的水平上显著；括号中为t值。

2018 年的面板数据为实证研究对象，分别构建静态和动态面板模型及中介效应模型，检验区域创新生态系统供需协同影响全要素生产率的作用效果及作用路径。在直接机制方面，区域创新生态系统供需协同对全要素生产率的短期效应显著为正，长期效应呈"U"形，且多数样本可通过促进区域创新生态系统供需协同提升全要素生产率，但存在区域异质性。在间接机制方面，区域创新生态系统供需协同能通过促进技术进步和产业结构调整提升全要素生产率，但在优化创新要素配置上，结果显示区域创新生态系统供需协同仅能通过优化创新人才配置提升全要素生产率，却无法通过优化创新资本配置提升全要素生产率，如图 5.2 所示。

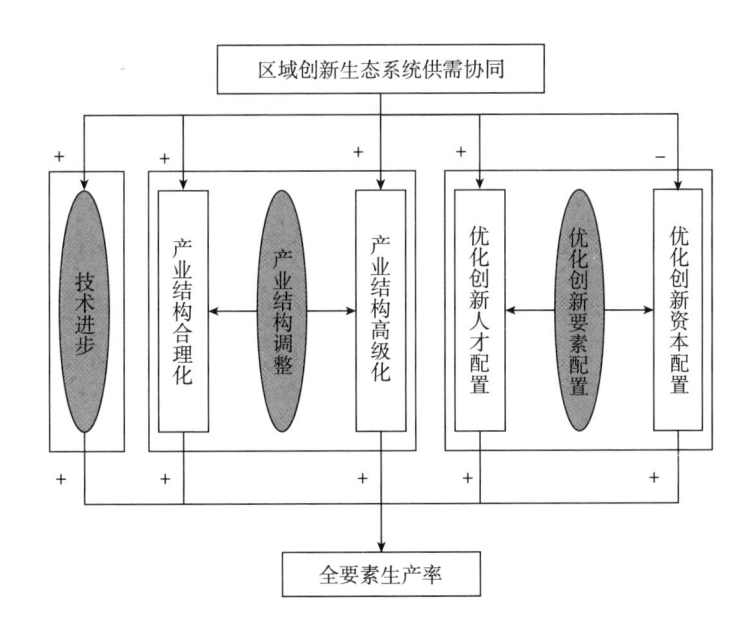

图 5.2　作用路径检验结果

注：图中"+"表示存在促进作用，"-"表示存在抑制作用。

根据实证结果可以看出，在以中国 30 个省份作为实证研究对象时，研究期内，从供需两个子系统协同考察区域创新生态系统时，其并未实现系统的全部功能和作用，这也使得其对于全要素生产率的作用路径没有完全通过检验，在一定程度上限制了区域创新生态系统供需协同对于全要素生产率促进作用的发挥。因此，还需要对一些关键的影响因素进行探寻和分析，以期优化各省份创新生态系统供需协同对全要素生产率影响作用。那么在哪些因素影响下才能打通区域创新生态系统供需协同作用于全要素生产率的全部路径呢？这些因素在中国又是如何影响二者间关系的呢？这些是通过本章研究及相关结论所产生的疑问，启发了下文的研究。

第六章 区域创新生态系统供需协同影响全要素生产率的调节因素研究

本章旨在寻找在区域创新生态系统供需协同与全要素生产率的作用关系中的调节因素。根据主要研究内容，本章聚焦区域创新生态系统，基于本研究构建的区域创新生态系统供需协同理论框架，围绕创新供需两侧寻找相关的影响因素，这其中涉及创新需求子系统及创新供给子系统的发展方向、领域等等。本章从创新供需两侧分析地区"怎样做"才能打通区域创新生态系统供需协同促进全要素生产率提升的全部路径，并进一步对全要素生产率产生积极影响。这在理论和实践层面都有重要意义。

第一节 区域创新生态系统供需两侧的关注重点

在构建的区域创新生态系统供需协同的理论框架模型中，包括创新需求子系统与创新供给子系统，两个子系统在系统自组织作用下相互作用、产生互动，促使区域创新生态系统供需两个子系统实现协同演化和良性发展。其中，在"创新需求子系统→创新供给子系统"的作用中，关注的是产学研互动如何可以主动地满足地区价值主张的问题，反过来，在"创新供给子系统→创新需求子系统"的作用中，考虑的是如何通过引导地区价值主张的变更以配合产学研协同创新水平的变化。因此，为提升系统供需协同水平，优化系统整体效能，地区必须从创新供给侧与需求侧同时发力，才能为创新能力提升、经济社会发展提供持久的保障与动力。由此可见，在研究区域创新生态系统供需协同对全要素生产率的影响中，也必须从创新供需两侧同时寻找关注重点，因为这不仅能为采取有效措施促进区域创新生态系统供需协同发展提供方向，还能为调节区域创新生态系统供需协同对全要生产率的作用效果奠定基础。

十九大报告明确提出建设社会主义现代化强国，后发国家现代化优势在于其能通过引进、模仿等方式对先行国家实现"追赶"。然而事实证明，这些方式并不足以确保后发国家在艰难的追赶过程中真正实现现代化。因而在新时代，现代化被重新赋予"赶超"的含义（洪银兴，2018）。"赶超"突出强调了创新是第一驱动力的深刻内涵。在创新或者科技创新过程中，后发大国要实现"赶超"，需要重点关注创新途径与研究类型的选择问题（生延超、欧阳峣，2017）。其中创新途径强调技术的来源和方式，例如自主研发和技术引进；研究类型强调创新研究的目的与领域，例如基础研究和应用研究。在一个区域创新生态系统中，创新途径与研究类型都是在区域创新需求的影响下，各类创新主体决策的结果，是区域创新生态系统创新供给子系统应关注的重点问题。

长期以来，人们将创新作为一个"黑箱"去研究其在经济发展中的作用。虽然迄今为止这个"黑箱"仍未被完全探知，但从已有研究结论可以看出，科技创新或创新的最终环节体现为新技术的产业化，是地区价值主张的重要表现形式。当前，在国内外竞争不断加强之时，亟须打造国内国外双循环的新发展格局，这要求关注产业的牵引作用（陈劲等，2020）。同时，在新发展格局下，我国仍处于新旧动能转换的全面转型期（刘畅、王蒲生，2020），传统产业升级和新兴产业发展都是这一时期产业发展应关注的重点。因此，重点产业的发展，已然成为创新或科技创新最有力的需求，是促进科技与经济相统一的重要领域。结合中国实践来看，在即将到来的"十四五"时期及未来的很长一段时间内，制造业与生产性服务业都是产业结构调整所需要关注的重点（郭克莎，2019）。同时，这两个产业也都在创新需求侧占据举足轻重的地位。这主要是因为，制造业中不仅涉及众多传统产业还有大量高技术产业，对消化技术供给、价值链提升、创新链布局等具有重要作用，生产性服务业其本身就具有技术密集、知识密集、信息密集等特点（李平等，2017），在发展过程中也已然成为创新扩散和链接的重要贡献者（靳景等，2020）。因此，二者均可成为区域创新生态系统创新需求子系统应关注的重点。

第二节 调节因素作用理论分析

一 创新途径的调节作用：自主研发与技术引进

就创新方式来看，现有研究多将自主研发和技术引进作为创新的主要途径（刘炜等，2020；杨丽君，2021）。中国是全球最大的发展中国家，国内学者普遍认为欠发达国家从发达国家引进技术是一种成本更低廉的技术进步方式，且其具有经济效益转化周期短、创新成功率高等优势（李光泗，2008），因而能加快技术升级与经济增长（林毅夫、张鹏飞，2005）。但一国或地区保持持久竞争优势的关键是实现技术自立，因此，自主研发应当是地区创新的核心方式。从对区域创新生态系统供需协同的影响上看，自主研发和技术引进往往都具有明确的需求导向，因而都能对区域创新生态系统加强供需双方互动产生积极作用。这不仅有利于区域创新生态系统供需协同对全要素生产率提升产生直接的正向效应，同时，还能通过促进技术进步、产业结构调整及优化创新要素配置，对全要素生产率提升产生间接影响。但根据实践经验，技术引进的方式多集中于传统的、无法从本质上引起技术变革的领域，且随着技术引进力度不断加大，其成本、难度也将相应地增长，可能会对区域创新生态系统供需协同产生不利影响，进而对全要素生产率、技术进步、产业结构调整及优化创新要素配置等都将产生负向作用。自主研发则虽然在初期会由于其具有经济效益转换周期较长等劣势，在一定程度上不利于区域创新生态系统供需两侧协同攀升，从而可能有碍于全要素生产率的提升，但就长期来看，特别在技术引进不具备明显比较优势，或者攻关技术集中在关键核心领域时，自主研发的方式就更能与地区的价值主张相吻合，也更有助于区域创新生态系统供需协同水平提升，这对促进全要素生产率提升及作用路径优化等都有正向作用。可见，这两种创新途径各有利弊，二者对于区域创新生态系统供需协同影响全要素生产率的调节作用也需依据实际情况具体分析。

二 研究类型的调节作用：基础研究与应用研究

当前研究普遍将基础研究与应用研究作为主要的研究类型去考虑（生延超、欧阳峣，2017；孙早、许薛璐，2017）。其中前者指不带有特定目的而进行的理论性或实验性研究，后者则是有针对性地进行新产品生产或改善生产工艺，是对基础研究成果应用途径的探索（王文、孙早，2016）。本书也主要从这两种研究类型分析不同研究类型的调节作用。二者相比，基础研究具有前期投资大、失败风险高、研发周期长等缺点，但却具有社会回报高、战略意义大等优点，应用研究则与此相反。因此，基础研究与应用研究对区域创新生态系统供需协同的影响也存在差别：一方面，由于基础研究投资较大，因而主要采取的是地区政府主导、产学研参与的形式，但相关研究成果往往与地区可能的短期价值主张存在差距，因而难以使区域创新生态系统供需协同水平立时提升，但应用研究则多由以获取经济效益为主要诉求的各类企业开展，这既能从微观上使企业快速获取竞争优势，也能从宏观上改善地区创新活动与地区价值主张的对接与衔接，有利于加强区域创新生态系统供需两个子系统的互动与协同；但另一方面，基础研究是高新技术发展的重要源泉（生延超、欧阳峣，2017），孕育着技术轨道变革、颠覆性创新的可能，是促进国家科学技术水平提升的持久动力，特别是在与技术前沿差距逐渐缩小的时候，应更加关注基础研究的开展（World Bank，2006），产学研三方协作开展基础研究更能满足地区价值主张所反映的长期性与战略性。由此可见，基础研究和应用研究对区域创新生态系统供需协同的影响也都既可能为正或为负，这也将通过影响区域创新生态系统的供需协同水平，调节其对全要素生产率的直接作用，或通过影响其对技术进步、产业结构调整和优化创新要素配置的作用，间接引起全要素生产率变动。

三　产业发展的调节作用：制造业发展与生产性服务业发展

制造业发展能调节区域创新生态系统供需协同对全要素生产率的影响。这主要是因为：第一，制造业能为各行业提供高水平技术装备、设备等，具有支持传统产业技术改造、促进国民经济发展等作用（郭克莎，2019），这会使地区对制造业所能提供的技术装备等的创新需求不断改变，代表着地区价值主张的变更；第二，制造业的发展，特别是制造业中的高技术产业发展有助于高新技术产业化，这是新经济发展的重要特征（任保平、宋雪纯，2020），新经济与知识和信息为主的技术变革及现代信息与科学技术等密切相关，也是地区价值主张变化的重要表现。地区价值主张的变化能在地区产学研协同创新模式既定的情况下，会降低创新生态系统供需协同水平，但同时，在地区价值主张变化时，在系统自组织作用下，产学研三方将自发地深化合作，因而也能使地区创新生态系统供需协同水平有所提升。因此，制造业发展会使区域创新生态系统供需协同对全要素生产率及技术进步、产业结构调整和优化创新要素配置的作用得到调节。

生产性服务业发展也能对区域创新生态系统供需协同产生影响，从而作用于技术进步、产业结构调整、创新要素配置，并影响全要素生产率。这主要可以从两个方面解释：第一，生产性服务业本身具有技术密集、知识密集等特征，特别是其中包含众多与研发设计、科技成果转化、知识产权保护等具有较强研发强度的高端生产性服务行业，可以直接作为地区创新活动的参与主体（雷振丹、陈子真，2019），其发展壮大不仅能反映出地区价值主张的变化，还对地区产学研协同创新模式产生影响；第二，生产性服务业是随工业化进程推进逐渐从制造业中分离出来的独立产业，与制造业之间具有天然的密切联系，且随着价值链连续及产业链连接带来的价值增加，生产性服务业与其他产业间的关联关系日益增强（Diaz，1998），逐渐广泛分布于产业链的各个环节中，具有较强的产业关联效应，因而生产性服务业发展能通过产业关联实现"创新传导"（靳景等，2020），这对完成创新供需两个子系统的相互作用、强化二者的协同能起到重要作用。因此，生产性服务业发展也会影响区域创新生态系统供需协同水平，从而能对全要素生产率产生直接或间接的影响。

本章实证研究的逻辑示意图如下：

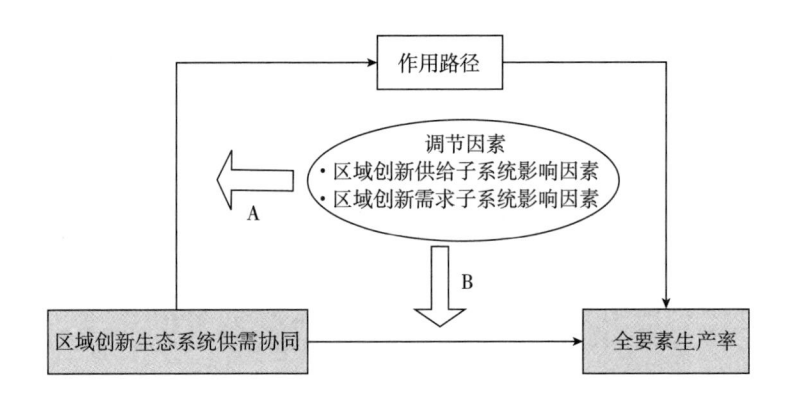

图 6.1 调节因素检验逻辑

第三节 模型构建与数据说明

根据以上分析，构建可调节的中介变量模型对调节因素进行实证检验。同样的，考虑到经济活动具有惯性，在模型中加入被解释变量的滞后项。模型构建如下：

$$Z_{it} = \alpha + \delta_0 Z_{it-1} + \delta_1 colla + \delta_2 z_{it} + \delta_3 colla \times z_{it} + \delta_4 X_{it} + \sigma_{it} + \mu_{it} + \varepsilon_{it} \quad (6.1)$$

$$tfp_{it} = \alpha + \beta_0 tfp_{it-1} + \beta_1 colla + \beta_2 z_{it} + \beta_3 colla \times z_{it} + \beta_4 X_{it} + \sigma_{it} + \mu_{it} + \varepsilon_{it} \quad (6.2)$$

其中，式（6.1）用于分析在调节变量影响下，区域创新生态系统供需协同对相对应的中介变量能否产生影响从而间接引起全要素生产率变化，即图6.1中的调节作用A；式（6.2）可用于分析相应的调节变量能否对区域创新生态系统供需协同对全要素生产率的直接影响产生调节作用，即图6.1中的调节作用B。z_{it} 为 i 省份在 t 年从不同创新途径、不同研究类型及不同产业发展方面选择的调节变量，包括自主研发（$inself$）、技术引进（$initro$）、基础研究（$basic$）、应用研究（$applied$）、制造业发展（$manu$）和生产性服务业发展（$prod$）。其中自主研发用科技经费内部支出占GDP比重衡量，技术引进用按地区分的国外技术引进合同金额占GDP比重测度，并采用人民币对美元的当年汇率进行换算；基础研究用基础研究支出占GDP比重衡量，应用研究用应用研究支出占GDP比重衡量；制造业与生产性服务业发展则分别用产业集聚度表征，这主要是因为区域创新生态系统能在地区引导产业集聚发展，同时就实际情况来看，生产性服务业集聚发展也已成为发展中的典型事实和必须坚持的原则[①]。本研究以区位熵测度产业集聚度，计算公式为：

$$ps = \frac{\left(\frac{s_{ij}}{x_j}\right)}{\left(\frac{s_i}{x}\right)}$$，其中，s_{ij} 表示 i 省份 j 行业的从业人员数，x_j 表示 j 行业的全国从业人员数，s_i 表示 i 省份就业人员总数，x 表示全国就业人员总数。相关指标数据来源于对应年份《中国统计年鉴》和《中国科技统计年鉴》。其余变量含义及数据来源均同前文，此处不再赘述。根据式（6.1）和（6.2）可以看出，受调节变量影响，区域创

[①] 国务院印发的《加快发展生产性服务业促进产业结构调整升级的指导意见》指出要坚持市场主导、突出重点、创新驱动和集聚发展四项基本原则。

新生态系统供需协同对各中介变量以及全要素生产率的影响分别为 $\delta_1+\delta_3 z_{it}$ 和 $\beta_1+\beta_3 z_{it}$，即区域创新生态系统供需协同对全要素生产率的作用受对应调节变量变动的影响。根据调节变量测度结果，同样进行取对数处理，各调节变量统计性描述如表 6.1 所示。

表 6.1　　　　　　　　调节变量统计性描述

	inself	initro	basic	applied	manu	prod
mean	0.261	-2.262	-2.678	-1.878	-0.254	-0.033
sd	0.593	1.586	0.778	0.718	0.408	0.257
min	-1.079	-7.128	-4.643	-3.235	-1.228	-0.445
max	1.820	1.516	-0.088	0.430	0.601	0.941
p25	-0.196	-3.356	-3.168	-2.364	-0.533	-0.182
p50	0.234	-2.176	-2.675	-1.938	-0.264	-0.067
p75	0.684	-1.174	-2.255	-1.468	0.037	0.020

第四节　回归结果及分析

一　创新途径的调节效应结果

表 6.2 汇总了以自主研发和技术引进两种不同的创新方式作为调节变量时，对式（6.1）和（6.2）的回归结果。其中，列①—⑩为式（6.1）的回归结果，列⑪和⑫为式（6.2）的回归结果。回归结果显示：

1. 在考虑两种创新途径对区域创新生态系统供需协同影响技术进步的调节作用时，列①和②的回归结果一方面表明自主研发及技术引进对技术进步都有抑制作用，且技术引进的抑制作用在 1% 水平下显著，另一方面，区域创新生态系统供需协同与两种创新途径的交互项系数则表明，区域创新生态系统供需协同对技术进步的作用都在 10% 的水平下显著受自主研发或技术引进投入的影响。且随自主研发投入增多，区域创新生态系统供需协同对技术进步的促进作用能得到显著增强，但技术引进投入的增多会使区域创新生态系统供需协同对技术进步的促进作用被显著削弱。本书认为，这可能是因为自主研发所需的周期更长，因而难以对当期技术进步产生促进作用，但由于自主研发具有较强的针对性，更能满足地区的实际创新需求，因而能使区域创新生态系统供需协同对技术进步的作用显著增强，引进技术则往往集中在那些难以使技术轨道等产生非根本性变革的领域，从而无法表现出对技术进步产生促进作用，也无法强化区域创新生态系统供需协同对技术进步的促进作用。前文已证明，技术进步可以作为中国情境下区域创新生态系统供需协同与全要素生产率之间的传导中介。因此，研究期内，自主研发能强化区域创新生态系统供需协同对技术进步的正向作用，从而对提升全要素生产率具有正向作用。

2. 在以产业结构合理化和产业结构高级化作为被解释变量考虑两种创新途径对区域创新生态系统供需协同影响产业结构调整的调节作用时，列③和⑤表明研究期内，自主研发对产业结构合理化和高级化都有1%水平下显著的积极作用，但与区域创新生态系统供需协同的交互项系数却表明，自主研发对区域创新生态系统供需协同影响产业结构合理化的作用效果有显著的强化作用，对影响产业结构高级化有显著的抑制作用，这可能是因为自主研发的投入能为地区提供更多针对性强的创新成果，在区域创新生态系统供需协同的影响下，更能够转化为现实生产力使产业结构更合理，但受关键领域核心技术不足等众多因素影响，尚难以促进产业结构向高级方向转变。列④和⑥则表明技术引进对产业结构调整的两个方面都不具有显著的积极作用，且技术引进还能在1%水平下显著抑制产业结构合理化，技术引进与区域创新生态系统供需协同的交互项系数表明，地区采用技术引进的方式会使区域创新生态系统供需协同对产业结构高级化的促进作用被显著增强，但对产业结构合理化作用不显著。可见，自主研发和技术引进分别能影响区域创新生态系统

表 6.2 不同创新途径的调节效应回归结果汇总

变量	技术进步			产业结构调整				优化创新要素配置			全要素生产率	
	①	②	③	④	⑤	⑥	⑦	⑧	⑨	⑩	⑪	⑫
	techch	techch	RIS	RIS	OIS	OIS	lmisl	lmisl	kmisl	kmisl	tfp	tfp
L.	-0.020*** (-4.09)	0.008*** (7.97)	0.383*** (7.97)	0.272*** (16.51)	0.718*** (32.53)	0.771*** (44.47)	0.387*** (23.47)	0.414*** (22.99)	0.511*** (114.09)	0.502*** (49.51)	0.481*** (16.53)	0.646*** (16.75)
colla	0.008*** (6.26)	0.009*** (7.94)	0.013 (0.88)	-0.002 (-0.38)	0.003*** (2.65)	0.006* (1.71)	-0.071** (-2.41)	-0.134*** (-2.66)	0.401*** (18.54)	0.403*** (6.00)	0.017** (2.36)	0.044*** (3.31)
zizhu	-0.001 (-0.28)		-0.764*** (-9.52)		0.012*** (3.51)		0.033 (0.24)		-1.206*** (-17.35)		0.204** (22.53)	
yinjin		-0.007*** (-9.39)		0.060*** (9.81)		0.002 (1.62)		0.298*** (3.86)		0.023 (0.37)		-0.003 (-0.24)
colla * zizhu	0.007*** (6.28)		-0.085*** (-6.14)		-0.006*** (-5.65)		-0.242*** (-4.21)		-0.931*** (-11.69)		0.080*** (5.53)	
colla * yinjin		-0.012*** (-13.37)		-0.004 (-0.71)		0.002* (1.96)		0.568*** (7.73)		-0.372*** (-4.31)		-0.024 (-1.62)

续表

变量	技术进步		产业结构调整				优化创新要素配置				全要素生产率	
	①	②	③	④	⑤	⑥	⑦	⑧	⑨	⑩	⑪	⑫
	techch	techch	RIS	RIS	OIS	OIS	|lmis|	|lmis|	|kmis|	|kmis|	tfp	tfp
控制变量	YES	YES	YES	YES	YES	YES	YES	YES	YES	YES	YES	YES
AR（1）	0.0218	0.0197	0.2809	0.2247	0.0016	0.0014	0.0232	0.0157	0.0106	0.0086	0.0310	0.0177
AR（2）	0.9763	0.2757	0.3893	0.5316	0.1901	0.0623	0.7833	0.9306	0.0820	0.1282	0.2303	0.2618
sargen	0.1703	0.1926	0.4355	0.1991	0.1413	0.1498	0.2030	0.3068	0.2596	0.3958	0.3394	0.3081

注：***、**、* 分别表示在 0.01、0.05 和 0.1 的水平上显著；括号中为 t 值。

供需协同对产业结构合理化和高级化的作用，从而进一步对全要素生产率提升起到积极作用。

3. 在以创新人才误置和创新资本误置为被解释变量考虑两种创新方式对区域创新生态系统供需协同影响创新要素配置的调节作用时，列⑦和⑨表明自主研发对创新人才误置没有显著作用，但能在1%水平上缓解创新资本误置，且与区域创新生态系统供需协同的交互项系数表明，研究期内，自主研发投入的不断增加，能使区域创新生态系统供需协同缓解创新人才误置的作用得到增强，对加剧创新资本误置的作用得到缓解，因而能有助于优化创新要素配置。列⑧和⑩的回归结果则意味着采取技术引进方式，对缓解创新人才误置和创新资本误置都不具有积极意义，但交互项结果表明，在技术引进方式的调节作用下，区域创新生态系统供需协同对创新人才误置的缓解作用能被显著削弱，对创新资本误置的加剧作用能被显著削弱，仅对区域创新生态系统供需协同促进创新资本配置具有积极作用。可见，在将优化创新要素配置作为区域创新生态系统供需协同与全要素生产率之间的作用路径时，自主研发和技术引进这两种的创新途径都能在一定程度上有利于该路径发挥作用。

4. 当考察在两种创新途径影响下，区域创新生态系统供需协同对全要素生产率的直接影响时，回归结果如列⑪和⑫所示，仅自主研发能直接促进全要素生产率提升，同时也能加强区域创新生态系统供需协同对促进全要素生产率提升正向作用，且均在1%的水平下显著。可见在调节区域创新生态系统供需协同影响全要素生产率的直接影响方面，采用自主研发的创新途径具有更重要的作用。

综上，总体来看，研究期内，自主研发的加强对调节区域创新生态系统供需协同与全要素生产率之间作用关系具有更加明显的优势，但技术引进的加强也能通过优化系统供需协同对促进产业结构高级化和优化创新资本配置的作用而进一步提升全要素生产率。

二 研究类型的调节效应结果

表 6.2 汇总了在以基础研究和应用研究两种研究类型为调节变量时，式（6.1）和式（6.2）的回归结果。回归结果显示，在研究期内：

1. 以技术进步为被解释变量时，列①和②的回归结果表明两种研究类型无论是其自身对技术进步的影响，还是调节区域创新生态系统供需协同对技术进步的影响都不显著，究其原因，基础研究注重一般知识和普遍原理的建立，往往研究周期较长，因而难以对当期技术进步产生作用，同时，基础研究领域与地区实际需求往往存在差异，因而难以调节区域创新生态系统供需协同对全要素生产率的影响，应用研究虽反映在对基础研究成果运用途径的探索上，对技术变革的影响不及基础研究，但却是形成现实生产力的研究领域，与地区价值主张所反映出的短期需求更为吻合，但由于研究期内多数省份处于创新需求水平滞后的状态，使得其对区域创新生态系统供需协同影响技术进步的调节作用尚不显著。可见，这两种不同的研究类型都不能使区域创新生态系统供需协同与全要素生产率之间的技术进步路径的传导作用得到强化，有待进一步优化。

2. 在以产业结构合理化和产业结构高级化为被解释变量时，列③—⑥的回归结果表明，研究期内，仅应用研究能对产业结构合理化有显著的积极作用，且基础研究与应用研究和创新生态系统供需协同的交互项系数也表明，基础研究可以使区域创新生态系统供需协同促进产业结构高级化的作用被显著增强，应用研究可以使其对产业结构合理化的优化作用得到增强，这些都有利于进一步促进全要素生产率提升。

3. 在以优化创新人才配置和优化创新资本配置为被解释变量时，列⑦—⑩的回归结果意味着基础研究不利于缓解创新人才误置，但能缓解创新资本误置，且在基础研究投入影响下，会显著削弱区域创新生态系统供需协同对创新人才误置的缓解作用，这可能与基础研究难度较大、周期长，需要大量创新人才投入作为保障，

表 6.3 不同研究类型的调节效应回归结果汇总

变量	技术进步 ① techch	技术进步 ② techch	产业结构调整 ③ RIS	产业结构调整 ④ RIS	产业结构调整 ⑤ OIS	产业结构调整 ⑥ OIS	优化创新要素配置 ⑦ |lmis|	优化创新要素配置 ⑧ |lmis|	优化创新要素配置 ⑨ |kmis|	优化创新要素配置 ⑩ |kmis|	全要素生产率 ⑪ tfp	全要素生产率 ⑫ tfp
L.	−0.012* (−1.71)	−0.036*** (−5.00)	0.295*** (15.20)	0.540*** (33.63)	0.768*** (35.84)	0.775*** (49.76)	0.385*** (22.52)	0.386*** (19.54)	0.512*** (49.31)	0.503*** (81.77)	0.583*** (15.86)	0.546*** (18.28)
colla	0.005 (1.47)	0.007*** (2.60)	−0.004 (−0.16)	−0.430*** (−4.53)	0.007* (1.85)	−0.009* (−1.95)	−1.833*** (−3.27)	−0.275 (−1.54)	−0.985* (−1.71)	−1.347*** (−4.85)	0.232*** (4.21)	0.210** (7.67)
basic	−0.001 (−0.74)		0.021** (2.44)		0.002 (1.29)		0.589*** (3.72)		−0.472** (−2.26)		0.112*** (4.88)	
use		0.000 (0.03)		−0.238*** (−5.61)		−0.011*** (−3.98)		−0.222*** (−4.67)		−0.560*** (−6.92)		0.188*** (8.07)
colla * basic	0.001 (1.05)		0.004 (0.44)		0.003** (1.97)		0.685*** (3.41)		−0.491** (−2.11)		0.078*** (3.5)	
colla * use		0.000 (0.23)		−0.167*** (−4.61)		−0.006*** (−2.80)		−0.114* (−1.72)		−0.747*** (−6.57)		0.092*** (6.82)

第六章 区域创新生态系统供需协同影响全要素生产率的调节因素研究

续表

变量	技术进步				产业结构调整				优化创新要素配置				全要素生产率	
	①	②	③	④	⑤	⑥	⑦	⑧	⑨	⑩	⑪	⑫
	techch	techch	RIS	RIS	OIS	OIS	|lmis|	|lmis|	|kmis|	|kmis|	tfp	tfp
控制变量	YES	YES	YES	YES	YES	YES	YES	YES	YES	YES	YES	YES
AR(1)	0.0110	0.0156	0.2239	0.2681	0.0015	0.0017	0.0218	0.0261	0.0096	0.0104	0.0248	0.0411
AR(2)	0.1691	0.6614	0.5744	0.4174	0.1432	0.2299	0.6270	0.7403	0.1117	0.1105	0.2528	0.1409
sargen	0.1518	0.1970	0.3485	0.3712	0.1486	0.1591	0.2754	0.1858	0.3253	0.3438	0.2301	0.2650

注：***、**、* 分别表示在 0.01、0.05 和 0.1 的水平上显著；括号中为 t 值。

但研究期内创新供给能力与创新需求水平二者不同步，使区域创新生态系统供需协同水平普遍较低，因而其对创新人才优化配置的作用被削弱，但对创新资本误置而言，不仅能使其作用由加剧变为缓解，且在其影响下，还能使这种缓解作用得到显著增强。应用研究则不仅能直接缓解创新人才误置和创新资本误置，且在其影响下，还能使区域创新生态系统供需协同对两种创新要素配置的优化作用得到显著增强，从而进一步对促进全要素生产率提升有积极作用。

4. 当考察在两种不同研究类型作用下，区域创新生态系统供需协同对全要素生产率的直接效应时，列⑪和⑫的回归结果显示，基础研究和应用研究都能在1%的水平下促进地区全要素生产率提升，二者与区域创新生态系统供需协同的交互项系数也均为正，这意味着在两种研究类型影响下，区域创新生态系统供需协同对全要素生产率的促进作用也都能在1%的水平下得到显著加强。但可能与研究期内基础研究投入相对应用研究仍较少，造成不同研究类型的研发投入结构失衡有关（张新等，2020），这一点从表6.1变量的统计性描述中也能反映出来，因而基础研究领域对区域创新生态系统供需协同作用于全要素生产率的影响作用相对应用研究较小。

可见，这两种研究领域也都可能在一定程度上使得区域创新生态系统供需协同作用于全要素生产率的直接效应或间接效应受到影响。

三　产业发展的调节效应结果

如表6.4所示，汇总了不同产业发展时，以制造业和生产性服务业集聚作为调节变量时，对式（6.1）和式（6.2）的回归结果。

回归结果表明，在研究期内：

1. 当以技术进步作为被解释变量时，列①和②的回归结果显示，制造业集聚对技术进步有1%水平下显著的促进作用，但生产性服务业集聚会对技术进步有10%水平下显著的抑制作用，这与研究期内中国生产性服务业内部高端行业的发展滞后有关。从二者与

第六章 区域创新生态系统供需协同影响全要素生产率的调节因素研究

表 6.4 制造业集聚、生产性服务业集聚的调节效应回归结果汇总

变量	技术进步		产业结构调整				优化创新要素配置				全要素生产率	
	① techch	② techch	③ RIS	④ RIS	⑤ OIS	⑥ OIS	⑦ |lmis|	⑧ |lmis|	⑨ |kmis|	⑩ |kmis|	⑪ tfp	⑫ tfp
L.	-0.029*** (-6.23)	-0.034** (-6.46)	0.282*** (21.33)	0.482*** (26.14)	0.814*** (38.03)	0.778*** (45.12)	0.371*** (19.55)	0.394*** (21.52)	0.521*** (105.51)	0.495*** (73.28)	0.680*** (15.23)	0.571*** (18.31)
colla	0.009*** (5.10)	0.006*** (5.94)	0.018* (1.99)	-0.079*** (-3.84)	-0.001 (-0.74)	0.003** (2.42)	-0.159*** (-4.15)	-0.037 (-1.54)	0.114*** (3.24)	0.447*** (9.86)	0.031* (1.94)	0.020** (2.38)
manu	0.011*** (3.41)		-0.245*** (-12.21)		-0.021*** (-7.85)		-0.093 (-0.62)		-0.807*** (-6.93)		0.126*** (5.66)	
prod		-0.013* (-1.80)		-0.961 (-8.75)		-0.009 (-1.51)		1.150** (2.87)		0.186 (0.70)		0.311*** (6.15)
colla×manu	0.010*** (3.63)		0.018 (1.11)		-0.007*** (-3.04)		-0.363*** (-3.50)		-0.749*** (-13.96)		0.011 (0.59)	
colla×prod		-0.015** (-2.26)		-0.585 (-4.20)		-0.023*** (-2.88)		0.723** (2.15)		2.767*** (7.50)		0.129* (1.95)

续表

变量	技术进步		产业结构调整				优化创新要素配置				全要素生产率	
	①	②	③	④	⑤	⑥	⑦	⑧	⑨	⑩	⑪	⑫
	techch	techch	RIS	RIS	OIS	OIS	|lmis|	|lmis|	|kmis|	|kmis|	tfp	tfp
控制变量	YES	YES	YES	YES	YES	YES	YES	YES	YES	YES	YES	YES
AR(1)	0.0191	0.0249	0.2453	0.2715	0.0017	0.0013	0.0269	0.0216	0.0115	0.0115	0.0261	0.0267
AR(2)	0.6852	0.9773	0.4631	0.5156	0.0407	0.0750	0.7410	0.7827	0.0995	0.0889	0.2245	0.3030
sargen	0.0751	0.0870	0.2668	0.3422	0.1876	0.1564	0.2055	0.2300	0.3852	0.2672	0.2440	0.2736

注：***、**、*分别表示在 0.01、0.05 和 0.1 的水平上显著；括号中为 t 值。

第六章 区域创新生态系统供需协同影响全要素生产率的调节因素研究

创新生态系统供需协同的交互项回归结果看,在制造业集聚的影响下,区域创新生态系统供需协同能在1%的显著水平下增强其对技术进步的促进作用,这对提升全要素生产率也有积极作用,但生产性服务业集聚却不具有这种作用,甚至还会在5%的显著水平下削弱区域创新生态系统供需协同对技术进步的促进作用,这不利于全要素生产率提升。本研究认为,虽然中国制造业处于全球价值链分工低端,但却具有门类齐全、规模大等优势,特别在近些年随着制造业在逐步向价值链中高端攀升的过程中,也激发了技术需求的增长,能在地区形成有效技术需求去消化技术供给,强化地区创新生态系统供需两侧的互动,因而在一定程度上会加强区域创新生态系统供需协同对技术进步的促进作用,这对促进全要素生产率提升也有积极作用,相反,生产性服务业的发展则呈现出低端行业的快速蔓延状态,对促进区域创新生态系统供需两侧互动与协同的贡献相对有限,因而尚不足以强化其对技术进步的作用促进。

2. 当以产业结构合理化和高级化作为被解释变量时,列③和⑤的回归结果显示,制造业集聚不能使区域创新生态系统供需协同对产业结构合理化和高级化的作用得到优化,甚至在其影响下,还会使区域创新生态系统供需协同对产业结构高级化的作用被显著削弱。这主要是因为制造业在地区集聚规模的扩大,能有效引导劳动力等生产要素在产业间重新配置,从而使产业结构区域合理,同时,制造业集聚能使地区产生更多的技术需求以消化部分技术供给,提升科技成果产业化率,促进新兴产业等的发展,从而引导地区产业结构趋于合理,但受中国制造业中低端路径锁定的制约,制造业集聚会强化这种路径锁定,从而既不利于产业结构向高端攀升,同时,也限制了科技含量高的科技成果转化,抑制产业结构高级化。列④和⑥的回归结果则表明,生产性服务业集聚对产业结构合理化和产业结构高级化作用均尚不显著,且受其影响,区域创新生态系统供需协同无论是对产业结构合理化还是对产业结构高级化都没有表现出显著的促进作用。究其原因,这仍与中国生产性服务业内高端行业发展相对滞后密切相关（郭淑芬等，2020），另一方面，则是由于生产性服务业行业本身较强的产业关联性，能为其他相关行业提供服务，但高端生产性服务行业发展不充分使其产业关联效应的发挥受阻，不利于地区创新供需两侧实现互动，从而抑制了区域创新生态系统供需协同对产业结构高级化的促进作用，这也会进一步抑制全要素生产率提升。

3. 以优化创新要素配置为被解释变量时，列⑦和⑨的回归结果显示，考察期内，制造业在地区集聚发展不仅对优化创新劳动力配置和创新资本配置都具有一定程度的积极意义，还能使区域创新生态系统供需协同对创新人才误置的缓解作用得到优化，对创新资本误置的加剧作用得到缓解。这表明研究期内制造业发展有助于区域创新生态系统供需协同通过优化创新要素配置促进全要素生产率提升。列⑧和⑩则表明生产性服务业在地区集聚不利于区域创新生态系统供需协同优化创新要素配置，本研究认为，这也主要是由研究期内与科技创新或创新密切相关的高端生产性服务行业发展滞后造成的。

4. 当考察在两种不同产业集聚发展作用下，区域创新生态系统供需协同对全要素生产率的直接效应时，列⑪和⑫的回归结果意味着研究期内，一方面，制造业与生产性服务业都对全要素生产率提升有积极作用，另一方面，制造业与生产性服务业集聚都在一定程度上能使区域创新生态系统供需协同对促进全要素生产率提升的作用得到优化，特别是生产性服务业集聚规模的扩大，会使这种作用在10%的水平上显著。

第五节　本章小结

本章基于构建的区域创新生态系统供需协同理论框架，结合中国实际从供给侧和需求侧分别分析了创新应当关注的重点问题，从

第六章 区域创新生态系统供需协同影响全要素生产率的调节因素研究

不同创新途径、不同研究类型和不同产业发展三个方面分别选择影响因素，并在理论层面分析它们对区域创新生态系统供需协同影响全要素生产率及技术进步、产业结构调整和优化创新要素配置的调节作用的同时，还以中国为研究对象进行了实证检验。检验结果汇总如表 6.5 所示。可以看出，从创新供需两侧出发，不同的创新途径、不同的研究类型以及不同的产业发展，都有可能在一定情况下加强区域创新生态系统供需协同对全要素生产率的直接效应或间接效应，调节作用效果存在一定的互补性，因而很难说明这三个方面中应当如何具体选择。因此，各地区应当结合自身发展的需求、地区的技术积累等多方面原因相机抉择或给予倾斜，从而使得地区可以科学引导区域创新生态系统供给子系统与需求子系统的相互作用、协同发展，提升系统供需两个子系统的协同水平，并有效发挥其对于全要素生产率的直接或间接的积极促进作用。这为下文提出相关政策建议提供了有益启示。

表 6.5 调节效应检验结果汇总

	变量	$techch$	RIS	OIS	$lmis$	$kmis$	tfp
创新途径	自主研发	√	√	×	√	√	√
	技术引进	×	×	√	×	√	×
研究类型	基础研究	×	×	√	×	√	√
	应用研究	×	√	×	√	√	√
产业发展	制造业	√	×	×	√	√	×
	生产性服务业	×	×	×	×	×	√

注：√表示调节效应显著为正；×表示调节效应显著为负或不显著。

第七章 研究结论、建议与展望

本书围绕区域创新生态系统供需协同及其对全要素生产率的影响进行了较为深入和系统的研究。本章首先对全文中相关研究结论进行梳理与归纳，其次，围绕研究内容，提出相关的政策建议，最后，则通过总结研究过程中存在的不足，以期为未来可能的研究方向和内容提出建议。

第一节 研究结论

在当前坚持需求导向、问题导向的创新活动引导下，对构建供需两侧协同发展的区域创新生态系统形成客观要求，同时，进一步厘清区域创新生态系统供需协同对全要素生产率的影响机制等，还对实现经济高质量发展具有积极意义。因此，本书一是基于对区域创新生态系统的考虑，构建了包含创新需求子系统和创新供给子系统两个子系统的区域创新生态系统供需协同概念框架，并基于要素关联与协同关系分析了系统供需协同的本质，明确了系统供需协同所应包含的两组关键协同关系，在此基础上进一步构建区域创新生态系统供需协同指数，并以中国30个省份为研究对象，实证测度了各省份2009—2018年创新生态系统供需协同指数；二是将区域创新生态系统供需协同与全要素生产率之间建立直接联系，从理论层面对区域创新生态系统供需协同对全要素生产率的直接影响机制和间接影响机制进行分析，并以中国30个省份作为实证研究对象，将

2009—2018 年作为研究窗口期，采用静态和动态面板模型、中介效应模型等，对区域创新生态系统供需协同与全要素生产率之间的作用关系进行实证检验；三是围绕地区创新供需两侧的关注重点，选取有关因素研究其对区域创新生态系统供需协同影响全要素生产率的调节作用，并构建可调节的中介效应模型进行实证检验。通过研究，主要得出以下结论。

1. 中国各省份创新生态系统供需协同水平普遍存在较大的提升空间，多数省份创新生态系统供需两个子系统发展不同步，且呈现非协同演变的态势。首先，从创新供给子系统中产学研协同关系上来看，在以发明专利作为创新水平衡量指标时，各省份产学研三方在创新合作上呈现碎片化、孤岛化，合作较为松散，且在合作上表现出以企业为中心的产学合作与产研合作强于学研合作的整体特征，从时间演化来看，产学研三方的合作逐步趋向减弱；其次，在区域创新生态系统供需协同指数上，全国多数省份创新生态系统供需协同水平处于过渡阶段，且协调过渡阶段的省份数量多于失调过渡阶段，协调阶段省份数量相对较少，其中多数处于初级协调，但仍有个别省份处于失调阶段，各省创新生态系统供需协同水平都有待进一步提升；第三，从各省份创新生态系统供需两侧关系来看，研究期内多数省份处于创新供给能力超前于创新需求水平的状态，但随时间推移，创新供给能力滞后于创新需求水平的省份数量有所增多，各省份都应结合自身实际优化二者间协同关系；第四，从供需两侧协同演化趋势来看，多数省份普遍呈现了非协同演化的态势。

2. 中国多数省份提升创新生态系统供需协同水平有助于全要素生产率提升，但在不同类型的地区，二者间作用效果存在差异。首先，整体来看，区域创新生态系统供需协同对促进全要素生产率提升的长短期效应均显著，其中，短期效应为线性的促进作用，长期效应则呈显著"U"形关系，多数省份可以通过提高区域创新生态系统供需协同水平促进全要素生产率提升。其次，二者间作用关系存在显著的区域异质性，具体表现为：研究期内，从不同的地理区位来看，东部地区创新生态系统供需协同对全要素生产率的长短期作用均不显著，中西部地区无论从长期还是短期看，提升系统供需协同水平提高都有助于促进全要素生产率提升；从不同资源依赖水平地区的作用效果看，高、低资源依赖型地区创新生态系统供需协同在短期内都不能促进全要素生产率提升，但从长期效应看，低资源依赖型地区创新生态系统供需协同水平提升能有效促进全要素生产率提升，高资源依赖型地区作用效果不显著；从不同全要素生产率水平看，随全要素生产率水平提升，区域创新生态系统供需协同对其作用呈现出显著促进、不显著、再显著促进的变化态势，且全要素生产率水平越高，促进作用越大。

3. 在中国，创新生态系统供需协同对全要素生产率的间接影响路径并非全部有效。具体表现为：研究期内，区域创新生态系统供需协同既可以通过促进技术进步进一步促进全要素生产率提升，也可以通过产业结构调整去促进全要素生产率提升，但当以优化创新要素配置作为传导路径时，区域创新生态系统供需协同仅能通过优化创新人才配置促进全要素生产率提升，却不能通过优化创新资本配置促进全要素生产率提升。

4. 不同创新途径、不同研究类型以及不同产业发展对区域创新生态系统供需协同影响全要素生产率的调节作用效果有所不同，但存在互补。具体来看，自主研发创新途径、基础研究与应用研究两种研究类型以及生产性服务业发展都可以使区域创新生态系统供需协同对全要素生产率的直接的促进作用得到显著增强。此外，不同的创新途径、不同研究类型及不同产业发展也都可以使区域创新生态系统供需协同对促进技术进步、促进产业结构调整或优化创新要素配置的作用得到优化，从而能对促进全要素生产率提升起到积极作用。因此，结合各省份实际情况，可通过不同创新途径、不同研究类型及不同产业发展的适应性选择及合理搭配，使区域创新生态系统供需协同对促进全要素生产率提升的作用效果达到最佳。

第二节 政策启示

根据本书的有关理论研究及实证结果，结合中国实际情况，以优化区域创新生态系统供需两个子系统互动、协同关系为出发点，以提升全要素生产率为最终目的，梳理相关政策，综合来看，首先，根据前文中对区域创新生态系统供需协同概念框架的分析及系统供需协同指数的评价结果，要促使各省份区域创新生态系统供需协同水平得到提升，其次，依据区域创新生态系统供需协同与全要素生产率之间作用关系的异质性结论，要在不同类型地区关注二者间关系的差异，并有针对性地采取相关措施，最后，要围绕区域创新生态系统供需协同影响全要素生产率的有关调节因素进行合理决策，以期使区域创新生态系统供需协同对全要素生产率的促进作用最优。

一 提升各省份创新生态系统供需协同水平

从各省份区域创新生态系统供需协同指数所处阶段可以看出，整体上各省份创新生态系统供需协同水平都仍有较大的提升空间，且普遍呈现供需两侧非协同发展的态势，因此，各省份都应通过深化产学研合作、丰富地区价值主张等手段，不断促进创新生态系统供需两个子系统共同发展，从而使各省份创新生态系统整体的协同效应得以有效发挥。但不同省份创新生态系统供需两个子系统之间的关系又存在差别，需要依据各省份的实际情况采取有针对性的措施去有效地提升区域创新生态系统供需协同水平。

对于创新供给能力相对创新需求水平的滞后的省份，例如北京、江苏、浙江、安徽、广东等，这些省份创新生态系统供需协同水平的提升要侧重于关注创新供给能力的提升，即要将加强产学研协同创新作为重点。研究期内，这类型省份产学研协同创新水平相对较低，产学研三方各自为政的问题持续存在，并有不断恶化的趋势。

我国的企业、大学及科研机构三方主体在协同创新投入对经济增长的影响上，仅企业不存在滞后期（郝金磊、尹萌，2019），这对在新技术研发时，学研方要与企业方加强合作，开展协同创新提出了客观要求。因此，这类型省份应采取有效措施不断促进地区产学研协同创新，例如，要明确各方在创新活动中的义务与权利，同时还要并完善与利益分配、风险共担等相关的规章制度等，明确各方在协同创新活动过程中违背有关规章制度时将受到的惩罚，以确保各方都能以自愿的、积极的态度履行自身职责，从而降低可能产生的道德风险等，从而使系统能够提供更多与地区价值主张相匹配的创新成果产出。

对于创新供给能力相对创新需求水平超前的省份，这类省份多集中于中西部地区，要将丰富地区系统价值主张作为提升系统供需协同水平的重点。一方面，这类省份可以结合自身政府、公众及自然环境等多方宏观环境所决定的系统价值主张，积极开展技术预测、技术预见等，对地区技术需求实施前瞻性布局，使得地区的系统价值主张不断趋于多样化；另一方面，这类省份创新生态系统供需协同水平普遍较低，不断加强供需两个子系统互动，促进系统供需协同水平不断提升也是这类省份应当关注的重点。因此，这些省份可以通过加强产学研与政府、公众等的互动，形成政产学研用协同创新的格局。产学研与政府和公众的互动既可以借助合同、规章制度等约束手段形成正式合作，也可以通过定期开展市场调研等形式进行非正式的合作，特别对于政产学研四方与公众间的协作，还可以采用给予一定报酬或产品优先体验权等形式鼓励其参与到创新活动过程当中，此外，还可以培育专门针对公众创新需求或产品使用意见反馈等数据搜集的社会组织，并及时对相关意见进行改良与优化，以突出公众或用户在创新活动中的积极性和重要性。

二 发挥区域创新生态系统供需协同对全要素生产率的促进作用

从全国整体来看，短期内区域创新生态系统协同供需协同对促进全要素生产率提升具有显著的正向作用，从长期来看，区域创新生态系统供需协同水平则需要达到一定程度才能对全要素生产率提升产生积极作用。因此全国各省份都应立足长远，通过不断促进区域创新生态系统供需协同水平提高，使全要素生产率不断得以提升。但同时，区域创新生态系统供需协同对促进全要素生产率的作用效果又存在显著的地区异质性，因此需要在不同类型地区采取差异化措施，从而能在不同类型地区，使区域创新生态系统供需协同对全要素生产率的促进作用都得以发挥。例如：针对不同地理区位，东部省份应围绕地区价值主张不断加强产学研协同创新，以缓解地区创新活动风险，为地区生产更多满足现实需求的创新成果，从而不断促进创新生态系统供需协同水平，使系统能对全要素生产率提升发挥显著的正向影响，中西部地区则要在维持产学研协同创新水平优势的基础上，围绕地区政治、自然、公众等方面的现实需求，不断丰富地区价值主张，并通过地区价值主张的多元化发展进一步为地区创造更多创新需求，以提高创新供需协同水平从而推动全要素生产率提升。类似地，针对不同资源禀赋水平的地区，高资源依赖地区要以丰富地区价值主张为主，从而可以逐步摆脱过度资源依赖对地区经济、社会发展等所产生的负面影响，低资源依赖型地区则要以优化产学研协同、加强产学研合作为首要任务，通过强化供需两个子系统互动、关联去提升二者协同水平，从而可以使区域创新生态系统供需协同对全要素生产率发挥显著的促进作用。

三 在区域创新生态系统供需两侧的关注重点上合理决策

各省份在区域创新生态系统供需两侧的关注重点，即不同创新途径与研究类型及不同重点产业发展上进行合理选择与决策，对以区域创新生态系统供需协同促进全要素生产率提升具有重要意义。

从供给侧来看，各省份都需依据自身实际情况，对创新途径和研究类型进行适应性选择或决策。根据实证结果，自主研发和引进创新、基础研究和应用研究都有可能使区域创新生态系统供需协同直接或间接地对全要素生产率的提升作用得到强化或抑制作用得到削减。因此，各省份都要在创新途径和研究类型的选择上相机抉择，以确保创新的有效性。这首先要求各省份产学研三方立足地区现实，在政府、公众的引导和监督下，科学地在不同创新途径和不同研究类型之间进行协调。例如，自主研发与技术引进之间具有彼此互补或替代的作用（肖利平、谢丹阳，2016），对于科技创新水平相对较高但产学研合作却相对松散的东部地区省份，应当结合自身优势，通过不断加强产学研合作，以提升自主研发能力为主，侧重通用技术、关键技术研发和基础研究领域，瞄准事关经济、民生、生态等的，例如人工智能、生命健康等前沿技术领域，实施一批具有前瞻性、战略性的国家重大科技项目，对前沿技术和颠覆性技术的超前布局，为解决科技的未来需求提供技术储备，对于科技创新水平相对落后的中西部地区省份等，科技创新的战略重点则应当以技术引进为主，并不断提升自身技术吸收能力，以充分发挥技术引进在创新能力提升中对自主创新的替代效应。但先进技术和关键核心技术是买不来的，因此这些相对落后地区要发挥自身在产学研协同创新方面的优势，通过各类创新主体间紧密的合作关系，积极培育自主研发能力体系，同时集中优势资源，以解决地区当前发展中的"卡脖子"问题为核心，加快突破关键领域技术瓶颈，以实施目标导向和问题导向的创新，早日实现关键技术、核心技术自主可控。此外，完整的创新既包括基础研究，也包括应用研究，因此，这也要求在加快建设基础科学研究体系的同时，要在产学研三方创新主体间建立起良好的桥梁，促使学研方不断加强基础知识生产的同时通过与企业建立起有效衔接，加强知识创新体系与技术创新体系的互动，推动创新成果的应用转化。此外，还可以通过加强基础设施建设、提高科技金融支持、建造科技园区、孵化器建设等方式完善科技成果转化体系。

从需求侧来看，各省份要合理布局制造业与生产性服务业的发展。得益于我国制造业门类齐全、配套网络完善的优势，在新冠疫情影响下，及时复工复产使得制造业不仅对支持疫情防控起到关键作用，还使国内经济较快地实现了恢复。随着中国进入后工业化时期，制造业进入需要高质量发展才能持续壮大的阶段（郭克莎，2019）。但整体来看，传统制造业创新能力较弱以及关键技术、核心技术对高技术产业支撑不足等问题，都严重制约制造业发展。与此同时，生产性服务业发展虽然较快，但仍存在区域不平衡、行业不平衡等问题。这些都使得产业发展对提升区域创新生态系统供需协同水平的促进作用相对有限，从而进一步限制了其对全要素生产率的促进作用。因此，需要各省份政府制定相关的产业发展政策、产业布局政策等，引导和支持产业在地区合理发展。这就要求把制造业、生产性服务业发展与强化区域创新生态系统供需协同结合起来共同考虑，需要做到以下几方面。第一，要关注传统制造业发展可能产生的环境污染、资源浪费等问题，这也是"五螺旋"创新驱动范式下出于对"自然环境"这一螺旋的回应，应使制造业向创新发展、绿色发展的方向转变，同时还要支持高技术产业发展，例如与通用技术研发、公众健康等相关的信息技术、生物工程等行业的快速发展，因为这些行业与第四次工业革命技术—经济范式变革及此次疫情所反映出的民生需求密切相关。同时，这些行业的发展必将激发产生相应的创新需求，因此还要特别注重相关技术的技术路线等问题，通过细化技术路线以明确技术研发等涉及的关键技术、核心技术领域，并以此为依据大力推动相关研究。第二，承认生产性服务业，特别是高端生产性服务行业，在各省份创新能力培育、产学研协同创新体系以及创新成果转化等方面的作用和意义，依据地区产业链布局、制造业发展方向等实际情况，科学合理地发展生产性服务业，避免各省份间盲目跟风而导致的结构趋同。第三，发挥不同产业政策的联动效应，确保制造业和生产性服务业在各自发展的同时实现协同升级，以促进各省份创新成果形成现实生产力，发挥产业发展对区域创新生态系统供需协同的积极作用。

第三节 不足与展望

本书遵循"发现问题—分析问题—解决问题"的逻辑思路，对区域创新生态系统供需协同对全要素生产率的促进机制作出了比较细致和系统的研究，在理论和实证研究方面作出的一些探讨能在一定程度上丰富当前的研究结论、弥补现有的研究不足。但受作者自身知识积累、数据获取难度大等各方面主客观原因及条件的限制，本书仍存在以下不足有待未来改进或深入探讨。

首先，本书对区域创新生态系统供需协同分析属于探讨性研究，同时，受各方面原因限制，为简化研究，一方面，借用了"五螺旋"创新驱动范式的构成要素作为区域创新生态系统的主要构成要素进行分析，但事实上，区域创新生态系统的构成要素比这五个螺旋更具多样性，另一方面，区域创新生态系统本身具有开放性特征，但本研究为了明确各省份创新生态系统供需两侧实际情况，在分析过程中弱化了对区域创新生态系统开放性特征的考察。因此，未来的研究可以在关注供需两侧协同时，加入更多的要素，例如中介机构等，进行补充和完善。进一步地，随着要素加入的多样化及系统关联关系的复杂化、加入系统开放性特征的考虑，区域创新生态系统供需协同指数也有必要进行进一步改进与完善。

其次，通过研究发现，研究期内，中国区域创新生态系统供需协同水平在各省份表现出明显差异性，其与全要素生产率之间的作用关系在全国整体样本及不同类型地区异质性样本上均表现出一定的规律性结论。但可能受我国各省份创新生态系统尚处于初建阶段的影响，以及我国经济发展不平衡不充分的制约，区域创新生态系统供需协同对全要生产率的间接影响机制与调节因素在不同类型地区尚未表现出显著的规律性结论，这也是本研究在对这两个方面研究内容进行实证分析时，仅以全国层面数据样本进行检验而未分地

第七章 研究结论、建议与展望

区讨论的原因。未来随着区域创新生态系统建设的不断完善以及各省份经济发展水平的不断提升，各类地区创新生态系统供需协同影响全要素生产率的作用路径和调节因素的异质性分析，也可作为研究关注点之一，这有助于进一步提取不同类型地区的规律性现象。

最后，在区域创新生态系统供需协同对全要素生产率作用路径和调节因素的分析和检验过程中，为简化研究过程，厘清作用关系，本书在理论与实证过程中都将技术进步、产业结构调整以及优化创新要素配置作为三条独立路径加以分析和检验，但在实际经济运行过程中，这三者之间可能会存在关联关系，使区域创新生态系统供需协同影响全要素生产率的作用路径及调节因素作用的复杂程度大大提升。因此，今后的研究还可以此为切入点，关注区域创新生态系统供需协同与全要素生产率之间的链式作用路径，以进一步完善有关研究结论。

此外，随着区域创新生态系统理论及实践的不断推进，随着第四次工业革命进程的深入，随着对全要素生产率持续增长的客观要求的提高，还存在许多实践待解的问题，例如，数字经济的发展会如何影响区域创新生态系统及系统供需两侧的协同演化？区域创新生态系统及系统供需协同又会如何影响数字化产业的发展？数据要素、信息要素等在区域创新生态系统及系统供需协同与全要素生产率之间的作用关系中间扮演了什么样的角色？等等，这些也可以成为未来研究所关注的内容。虽然本研究在研究内容、研究思路等方面仍需进一步完善，但希望能为相关领域研究起到抛砖引玉的作用。

参考文献

安同良、千慧雄：《中国居民收入差距变化对企业产品创新的影响机制研究》，《经济研究》2014年第9期。

白俊红、刘宇英：《对外直接投资能否改善中国的资源错配》，《中国工业经济》2018年第1期。

蔡昉：《以提高全要素生产率推动高质量发展》，《人民日报》2019年11月9日第7版。

蔡跃洲、付一夫：《全要素生产率增长中的技术效应和结构效应——基于中国宏观和产业数据的测算及分析》，《经济研究》2017年第1期。

柴国荣、徐崇美、闵宗陶：《科技成果转化评价指标体系设计及应用研究》，《软科学》2010年第2期。

陈晨、张广胜：《国家创新型城市政策、高端生产性服务业集聚与地区经济高质量发展》，《财贸研究》2020年第4期。

陈恒、初国刚、侯建：《产学研合作培养创新人才培养效果影响机理》，《科研管理》2018年第4期。

陈劲、曲冠楠、王璐瑶：《有意义的创新：源起、内涵辨析与启示》，《科学学研究》2019年第11期。

陈劲、阳镇、尹西明：《双循环新发展格局下的中国科技创新战略》，《当代经济科学》2020年第12期。

陈诗一、陈登科：《雾霾污染、政府治理与经济高质量发展》，《经济研究》2018年第2期。

陈万明、王圣元：《产业内竞争、技术进步与增长收敛性测度——基于生态学视角》，《科技管理研究》2018年第2期。

陈雄、李宁、贾剑波、张梦杰：《适应领域应对气候变化的重点领域与技术需求研究》，《中国人口·资源与环境》2020年第8期。

陈瑜、谢富纪：《基于Lotka—Voterra模型的光伏产业生态创新系统演化路径的仿生学研究》，《研究与发展管理》2012年第3期。

陈宇峰、贵斌威、陈启清：《技术偏向与中国劳动收入份额的再考察》，《经济研究》2013年第6期。

邓久根、薛小彬：《供给侧结构性改革需重视需求方创新政策制定》，《经济纵横》2018年第5期。

刁秀华、李姣姣、李宇：《高技术产业的企业规模质量、技术创新效率及区域差异的门槛效应》，《中国软科学》2018年第11期。

杜鹏程、徐舒：《最低工资、市场演化与生产率增长》，《产业经济研究》2020年第4期。

樊纲、王小、马光荣：《中国市场化进程对经济增长的贡献》，《经济研究》2011年第9期。

樊杰、王亚飞、王怡轩：《基于地理单元的区域高质量发展研究——兼论黄河流域同长江流域发展的条件差异及重点》，《经济地理》2020年第1期。

樊霞、贾建林、孟阳仪：《创新生态系统研究领域发展与演化分析》，《管理学报》2018年第1期。

范巧、郭爱君：《一种嵌入空间计量分析的全要素生产率核算改进方法》，《数量经济技术经济研究》2019年第8期。

付金鑫、李北伟：《新工业革命背景下技术经济范式与管理理论体系协同演进研究》，《中国软科学》2018年第8期。

干春晖、郑若谷、余典范：《中国产业结构变迁对经济增长和波动的影响》，《经济研究》2011年第5期.

耿紫珍、新梅、杨晨辉：《战略导向、外部知识获取对组织创造力的影响》，《南开管理评论》2012年第4期。

龚常、游达明：《区域产业生态创新系统健康评价研究——以长株潭城市群为例》,《经济学家》2015 年第 6 期。

关海玲、武祯妮:《地方环境规制与绿色全要素生产率提升——是技术进步还是技术效率变动》,《经济问题》2020 年第 8 期。

郭传杰:《应更着眼于创新生态体系建设》,《中国科学报》2020 年 9 月 30 日。

郭克莎:《中国产业结构调整升级趋势与"十四五"时期政策思路》,《中国工业经济》2019 年第 7 期。

郭淑芬、裴耀琳、任建辉:《基于三维变革的资源型地区高质量发展评价体系研究》,《统计与信息论坛》2019 年第 10 期。

郭淑芬、裴耀琳、吴延瑞:《生产性服务业发展的产业结构调整升级效应研究——来自中国 267 个城市的经验数据》,《数量经济技术经济研究》2020 年第 10 期。

哈肯·H:《协同学导论》,北京原子能出版社 1984 版。

郝金磊、尹萌:《时空差异视角下我国科技协同创新与经济增长》,《经济与管理评论》2019 年第 6 期。

郝英杰、潘杰义、龙昀光:《区域创新生态系统知识能力要素协同性评价——以深圳市为例》,《科技进步与对策》2020 年第 3 期。

何向武、周文泳:《区域高技术产业创新生态系统协同性分类评价》,《科学学研究》2018 年第 3 期。

何元庆:《对外开放与 TFP 增长——基于中国省级面板数据的经验研究》,《经济学(季刊)》2007 年第 4 期。

贺团涛、曾德明、张运生:《高科技企业创新生态系统研究述评》,《科学学与科学技术管理》2008 年第 10 期。

贺团涛、曾德明:《知识创新生态系统的理论框架与运行机制研究》,《情报杂志》2008 年第 6 期。

洪银兴:《创新是新时代现代化的第一动力》,《经济理论与经济管理》2018 年第 1 期。

洪银兴:《关于创新驱动和协同创新的若干重要概念》,《经济理论与经济管理》2013 年第 5 期。

洪银兴：《科技创新阶段及其创新价值链分析》，《经济学家》2017年第4期。

侯媛媛、刘云、张振伟：《北京技术输出的模式及其影响因素研究》，《研究与发展管理》2017年第1期。

胡峰、裘讯、傅金娣：《企业价值链高端攀升两阶段演化博弈分析》，《社会科学战线》2019年第11期。

胡峰、裘讯、黄登峰、张月月、王晓萍，傅金娣：《协同创新知识溢出风险管理框架：表征与认知》，《科学学研究》2020年第6期。

胡凯、吴清、胡毓敏：《知识产权保护的技术创新效应——基于技术交易市场视角和省级面板数据的实证分析》，《财经研究》2012年第8期。

黄鲁成：《关于区域创新系统研究内容的探讨》，《科研管理》2000年第2期。

黄鲁成：《论区域技术创新生态系统的生存机制》，《科学管理研究》2003年第2期。

黄鲁成：《区域技术创新生态系统的特征》，《中国科技论坛》2003年第1期。

黄鲁成：《研究区域技术创新系统的新思路——关于生态学理论与方法的应用》，《科技管理研究》2003年第2期。

黄群慧、陈创练：《新发展格局下需求侧管理与供给侧结构性改革的动态系统》，《改革》2021年第3期。

季磊、额尔敦套力：《城镇化、环境规制会促进区域技术进步吗》，《科学决策》2019年第10期。

焦勇、杨惠馨：《政府干预、产业结构扭曲与全要素生产率提升》，《财贸研究》2019年第10期。

靳景、张耀坤、宋昱晓、余江：《我国生产性服务业对产业关联与创新传导的影响分析》，《科学学与科学技术管理》2020年第3期。

靳来群、胡善成、张伯超：《中国创新资源结构性错配程度研究》，《科学学研究》2019年第3期。

寇宏伟、陈章：《中等收入陷阱跨越机制分析——需求规模与技术进步》，《上海经济研究》2020年第2期。

雷振丹、陈子真：《区域创新：生产性服务业层级分工专业化集聚或多样化集聚？》，《现代经济探讨》2019年第10期。

李光泗、徐翔：《技术引进与地区经济收敛》，《经济学（季刊）》2008年第3期。

李俊霞、温小霓：《科技创新关键阶段投资与风险管理研究》，《中国软科学》2020年第9期。

李平、付一夫、张艳芳：《生产性服务业能成为中国经济高质量增长新动能吗》，《中国工业经济》2017年第12期。

李万、常静、王敏杰、朱学彦、金爱民：《创新3.0与创新生态系统》，《科学学研究》2014年第12期。

李维梁、高雅：《供需协同的产业创新生态系统构建及对策研究》，《华东经济管理》2016年第11期。

李文兵：《结构转变、资本深化和生产率增长》，《中国科技论坛》2011年第5期。

李晓娣、张小燕：《区域创新生态系统共生对地区科技创新影响研究》，《科学学研究》2019年第5期。

李晓娣、张小燕：《我国区域创新生态系统共生及其进化研究——基于共生度模型、融合速度特征进化动量模型的实证分析》，《科学学与科学技术管理》2019年第4期。

李新安：《区域创新能力对经济发展质量提升的驱动作用研究》，《区域经济评论》2020年第2期。

理查德·R·纳尔逊、温特：《经济变迁的演化理论》，北京商务印书馆1997版。

梁帅、李正风：《塑造未来：技术预见的可能性及可靠性》，《自然辨证法研究》2017年第7期。

林毅夫、张鹏飞：《后发优势、技术引进和落后国家的经济增长》，《经济学（季刊）》2005年第4期。

林勇、张昊:《开放式创新生态系统演化的微观机理及价值》,《研究与发展管理》2020年第2期。

蔺洁、陈凯华:《构建需求导向和问题导向的新型国家科技治理体系》,《光明日报》2020年9月17日。

刘畅、李建华:《五螺旋创新生态系统协同创新机制研究》,《经济纵横》2019年第3期。

刘畅、王蒲生:《"十四五"时期新兴产业发展:问题、趋势及政策建议》,《经济纵横》2020年第7期。

刘钒、吴晓烨:《国外创新生态系统的研究进展与理论反思》,《自然辩证法研究》2017年第11期。

刘刚、王宁:《突破创新的"达尔文海"——基于深圳创新型城市建设的经验》,《南开学报(哲学社会科学版)》2018年第6期。

刘和东、陈洁:《创新系统生态位适宜度与经济高质量发展关系研究》,《科技进步与对策》2021年第3期。

刘洪久、胡彦蓉、马卫民:《区域创新生态系统适宜度与经济发展的关系研究》,《中国管理科学》2013年第s2期。

刘兰剑、滕颖:《提高科技创新水平依靠技术效率还是规模效应》,《科学学与科学技术研究》2020年第7期。

刘雪芹、张贵:《创新生态系统:《创新驱动的本质探源与范式转换》,《科技进步与对策》2016年第20期。

刘祎、杨旭、黄茂兴:《环境规制与绿色全要素生产率——基于不同技术进步路径的中介效应分析》,《当代经济管理》2020年第6期。

刘志春、陈向东:《科技园区创新生态系统与创新效率关系研究》,《科研管理》2015年第2期。

刘志峰:《区域创新生态系统的结构模式与功能机制研究》,《科技管理研究》2010年第19期。

柳卸林、孙海鹰、马雪梅:《于创新生态观的科技管理模式》,《科学学与科学技术管理》2015年第18期。

柳卸林：《区域创新体系成立的条件和建设的关键因素》，《中国科技论坛》2003年第1期。

马洪福、郝寿义：《要素禀赋异质性、技术进步与全要素生产率增长——基于28个省份数据的分析》，《经济问题探索》2018年第2期。

马克思、恩格斯：《马克思恩格斯全集》，北京人民出版社1975年版。

马克思：《资本论：第三卷》，北京人民出版社1975版。

裴耀琳、郭淑芬：《资源禀赋约束下生产性服务业集聚的产业结构调整效应研究——基于资源型城市和非资源型城市的对比分析》，《软科学》2021年第1期。

彭绪庶：《目标导向的创新驱动发展战略实施进展研究》，《经济纵横》2019年第5期。

乔瓦西·多西：《创新、演化和经济学：我们处于什么位置？该走向何方？》，转引自詹·法格博格等《创新研究演化与未来挑战》，科学出版社2019年版。

秦宇、邓鑫、周慧：《中国科技资源错配及其对产出影响的测算》，《财贸研究》2018年第9期。

邱海平：《马克思主义政治经济学对于供给侧结构性改革的现实指导意义》，《红旗文稿》2016年第3期。

任保平、宋雪纯：《"十四五"时期我国新经济高质量发展动能的培育》，《学术界》2020年第9期。

阮敏、简泽：《国内市场竞争、全要素生产率与国际贸易》，《科研管理》2020年第6期。

上官绪明、葛斌华：《科技创新、环境规制与经济高质量发展——来自中国278个地级及以上城市的经济证据，《中国人口·资源与环境》2020年第6期。

沈能、彭慧、姚炯：《多渠道国际研发溢出与创新效率空间收敛研究》，《科学学研究》2019年第6期。

生延超、欧阳峣：《基础研究还是应用研究——后发大国创新方式及创新领域选择》，《中国科技论坛》2017年第10期。

宋晶、高旭东、王一：《创新生态系统与经济增长的关系》，《技术经济》2017年第12期。

苏屹、姜雪松、雷家骕、林周周：《区域创新系统协同演进研究》，《中国软科学》2016年第3期。

苏屹：《高技术企业创新生态系统可持续发展机制与评价研究》，《贵州社会科学》2018年第5期。

孙冰：《基于MLP框架的创新生态系统演化研究》，《科学学研究》2016年第8期。

孙慧、邓小乐：《产业视角下中国区域碳生产率收敛研究》，《经济问题探索》2018年第1期。

孙丽文、李跃：《京津冀区域创新生态系统生态位适宜度评价》，《科技进步与对策》2017年第4期。

孙学涛、王振华、张广胜：《全要素生产率提升中的结构红利及其空间溢出效应》，《经济评论》2018年第3期。

孙早、许薛璐：《前沿技术差距与科学研究的创新效应——基础研究与应用研究谁扮演了更重要的角色》，《中国工业经济》2017年第3期。

汤书昆、李昂：《国家创新生态系统的理论与实践》，北京中国科学技术大学出版社2018版。

王崇锋、韩丰宇、晁艺璇、孟星辰：《多维距离视角下区域专利技术转移影响因素研究——创新环境的调节效应》，《科技进步与对策》2019年第8期。

王冬、孔庆峰：《资源禀赋、制度变迁与中国科技兴衰——李约瑟之谜的科技加速进步假说》，《科学学研究》2013年第3期。

王飞航、本连昌：《创新生态系统视角下区域创新绩效提升路径研究》，《中国科技论坛》2021年第3期。

王桂军、张辉、金田林：《中国经济质量发展的推动力：结构调整还是技术进步》,《经济学家》2020 年第 6 期。

王国顺、张涵、邓路：《R&D 存量、所有制结构与技术创新效率——高技术产业面板数据的实证研究》,《湘潭大学学报（哲学社会科学版）》2010 年第 2 期。

王海军、成佳、邬日菘：《产学研用协同创新的知识转移协调机制研究》,《科学学研究》2018 年第 7 期。

王缉慈：《知识创新和区域创新环境》,《经济地理》1999 年第 1 期。

王满仓、吴登凯：《中国经济高质量发展的潜在增长率研究》,《西安财经大学学报》2021 年第 1 期。

王仁维、吴敏竹：《从硅谷到张江——探访全球科技创新中心》,上海辞书出版社 2016 版。

王文、牛泽东：《资源错配对中国工业全要素生产率的多维影响研究》,《数量经济技术经济研究》2019 年第 3 期。

王文、孙早：《基础研究还是应用研究：谁更能促进 TFP 增长——基于所有制和要素市场扭曲的调节效应分析》,《当代经济科学》2016 年第 11 期。

王小洁、刘鹏程、许清清：《构建创新生态系统推进新旧动能转换：动力机制与实现路径》,《经济体制改革》2019 年第 6 期。

魏芬芬、冯南平：《基于共词分析的创新生态系统协同研究主题》,《中国科技论坛》2019 年第 10 期。

魏江：《多层次开放式区域创新体系建构研究》,《管理工程学报》2010 年第 s1 期。

吴金希：《创新生态体系的内涵、特征及政策含义》,《科学学研究》2014 年第 1 期。

吴金希：《创新生态体系论》,北京清华大学出版社 2015 年版。

肖利平、谢丹阳：《国外技术引进与本土创新增长：互补还是替代——基于异质吸收能力的视角》,《中国工业经济》2019 年第 9 期。

谢莉娟、陈锦然、王诗桴：《ICT 投资、互联网普及和全要素生产率》,《统计研究》2020 年第 8 期。

徐成红、李标:《能源消耗、碳排放与我国经济发展——基于静态和动态面板的实证分析》,《宏观经济研究》2012 年第 7 期。

徐辉、费忠华:《科技成果转化及其对经济增长效应研究》,广州中山大学出版社 2009 年版。

徐彦坤、祁毓:《环境规制对企业生产率影响再评估及机制检验》,《财贸经济》2017 年第 6 期。

许冠男、周源,吴晓波:《构筑多层联动的新兴产业创新生态系统:理论框架与实证研究》,《科学学与科学技术管理》2020 年第 7 期。

宣烨、余泽勇:《生产性服务业层级分工对制造业效率提升的影响》,《产业经济研究》2014 年第 3 期。

严威、俞丽平、孙健红:《科技成果转化水平的计量模型研究》,《中国科技论坛》2014 年第 12 期。

杨柏、陈银忠、李爱国、陈伟:《政府科技投入、区域内产学研协同与创新效率》,《科学学研究》2020 年第 9 期。

杨捷、陈凯华:《技术预见国际经验、趋势与启示研究》,《科学学与科学技术管理》2021 年第 3 期。

杨丽君:《技术引进与自主研发对经济增长的影响——基于知识产权保护视角》,《科研管理》2020 年第 4 期。

杨曦、余翔:《基于生命周期的石墨烯产业技术创新模式探析》,《科研管理》2020 年第 9 期。

姚艳红、高晗、訾傲:《创新生态系统健康度评价指标体系及应用研究》,《科学学研究》2019 年第 10 期。

易名、吴婷:《R&D 资源配置扭曲、TFP 与人力资本纠偏作用》,《科学学研究》2021 年第 1 期。

余淼杰:《中国的贸易自由化与制造业企业生产率》,《经济研究》2010 年第 10 期。

郁培丽:《产业集群技术知识创新系统演化阶段与路径分析》,

《管理学报》2007 年第 4 期。

曾宪奎：《新时代我国需求侧改革的内涵、背景及重点内容分析》，《当代经济管理》2021 年第 3 期。

詹志华、王豪儒：《论区域创新生态系统生成的前提条件和动力机制》，《自然辩证法研究》2018 年第 3 期。

张彬、葛伟：《美国创新战略的内容、机制与效果及对中国的启示》，《经济学家》2016 年第 12 期。

张贵、刘雪芹：《创新生态系统作用机理及演化研究——基于生态场视角的解释》，《软科学》2016 年第 12 期。

张杰、杨连星、新夫：《房地产阻碍了中国创新么？——基于金融体系贷款期限结构的解释》，《管理世界》2016 年第 5 期。

张晓燕、李晓娣：《我国区域创新生态系统共生性分类评价》，《科技进步与对策》2020 年第 5 期。

张新、胡鞍钢、陈怀锦、温雅婷：《"十四五"创新发展基本思路：加快建设世界创新强国》，《清华大学学报（哲学社会科学版）》2020 年第 1 期。

张兴龙、沈坤荣：《中国资本扭曲的产出损失及分解研究》，《经济科学》2016 年第 2 期。

赵康杰、景普秋：《资源依赖、有效需求不足与企业科技创新挤出——基于全国省域层面的实证》，《科研管理》2014 年第 12 期。

郑文力：《论势差效应与科技人才流动机制》，《科学学与科学技术管理》2005 年第 2 期。

中国 21 世纪议程管理中心可持续发展战略研究组：《发展的基础——中国可持续发展的资源、生态基础评价》，北京社会科学文献出版社 2004 年版。

周元、王海燕：《关于我国创新体系研究的几个问题》，《中国软科学》2006 年第 10 期。

朱珍：《供需双侧管理述评与展望》，《当代经济管理》2018 年第 2 期。

祝接金、胡永平:《地方政府支出、效率改进与区域经济增长》,《中国软科学》2006 年第 11 期。

桌乘风、邓峰:《创新要素流动与区域创新绩效——空间视角下政府调节作用的非线性检验》,《科学学与科学技术管理》2017 年第 7 期。

Ackerberg D and Benkard L and Syeven B and Ariel P, "Econometric Tools for Analyzing Market Outcomes", in Heckman J. J. Leamer E-. E. eds. *Handbook of Econometrics*, Chapter 63 Clesvier, 2007.

Adner R and Kapoor R, "Creation in Innovation Ecosystem: How the Structure of Technological Interdependence Affects Firm Performance in New Technology Generation" *Strategic Management Journal*, Vol. 31, No. 3, March 2010, pp. 306-333.

Adner R and Kapoor R, "Innovation Ecosystems and the Pace of Substitution: Re-examining Technology S-curves" *Strategic Management Journal*, Vol. 37, No. 4, April 2010, pp. 625-648.

Adner R. "Match Your Innovation Strategy to Your Innovation Ecosystem" *Harvard Business Review*, No. 4, April 2006, pp. 98-107.

Aghion P J and Dew Atripont M and Du L, "Industrial Policy and Competition" *American Economic Journal: Macroeconomics*, No. 4, April 2015, pp. 1-32.

Ahmed T and Bhatti A A, "Measurement and Determinants of Multi-Factor Productivity: A Survey of Literature" *Journal of Economic Surveys*, Vol. 34, No. 1, January 2020 pp. 1-27.

Anselin L and Varga A and Acs Z, "Local Geographic spillovers between university research and high technology innovations" *Journal of Urban Economics*, Vol. 42, No. 3, March 2020 pp. 422-448.

Aoki S, "A Simple Accounting Framework for the Effect of Resource Misallocation on Aggregate Productivity" *Journal of the Japanese and International Economies*, Vol. 26, No. 4, April 2012 pp. 473-494.

Asheim B and Gertler M, "The Geography of Innovation: Regional Innovation Systems", in Fagerberg J and Mowery D C and Nelson R R eds. *The Oxford Handbook of Innovation*, Oxford: Oxford Unoversity Press, 1991.

Barca F and McCann P and Rodríguez-Pose A, "The Case for Regional Development Intervention: Place-based Versus Place-neutral Approaches" *Journal of Regional Science*, Vol. 52, No. 1, January 2012 pp. 134–152.

Basole R C and Karla J, "On the Evolution of Mobile Platform Ecosystem Structure and Strategy" *Bussiness& Information Systems Engineering*, Vol. 3, No. 5, May 2011 pp. 313–322.

Baumol W J, "Macroeconomics of Unbalanced Growth: The Anatomy of Urban Crisis" *American Economic Review*, Vol. 57, No. 3, June 1967 pp. 415–426.

Bin-Qing Cai and Xin-Huan Huang, "Evaluating the Coordinated Development of Regional Innovation Ecosystem in China" *Ekoloji*, .Vol. 27, No. 106, October 2018 pp. 1123–1132.

Birol M and Deniz G, "Components of Innovation Ecosystems: A Cross-Country Study" *Internationals Research Journal of Finance and Economics*, Vol. 52, No. 76, January 2012 pp. 102–112.

Bozeman B and Rimes H and Youtie J, "The Evolving State-of-the-art in Technology Transfer Research: Revisiting the Contingent Effectiveness Model" *Research Policy*, Vol. 44, No. 1, January 2015 pp. 34–49.

Brand L and Trevor T and Zhu X D, "Factor Market Distortions Across Time, Space and Sectors in China" *Review of Economic Dynamics*, Vol. 16, No. 1, January 2012 pp. 39–58.

Buesa M and Heijs J and Baumert T, "The Determinants of Regional Innovation in Europe: A Combined Factorrial and Regression Knowledge

Production Function Approach" *Research Policy*, Vol. 39, No. 6, June 2010 pp. 722–735.

Butler J and Gibson D, "Research Universities in the Framework of Regional Innovation Ecosystem: the Case of Austin, Texas" *Foresight and STI Governance*, Vol. 7, No. 2, February 2013 pp. 42–57.

Cai B Q and Huang X H, "Evaluating the Coordinated Development of Regional Innovation Ecosystem in China" *Ekoloji*, Vol. 27, No. 106, October 2018 pp. 1123–1132.

Campell D F J and Carayannis E G E and Rehman S S, "Quadruple Helix Structures of Quality of Democracy in Innovation System: The USA, PECD Countries, and EU Member Countries in Global Comparison" *Journal of the Knowledge Economy*, Vol. 6, No. 3, March 2015 pp. 467–493.

Carayannis E G and Barth T D and Campbell D F J, "The Quintuple Helix Innovation Model: Global Warming as a Challenge and Driver for Innovation" *Journal of Innovation and Entrepreneurship*, Vol. 1, No. 1, January 2012 pp. 1–12.

Carayannis E G and Campbell D F J, "'Mode 3' and 'Quadruple Helix': toward a 21st Century Fractal Innovation Ecosystem" *International Journal of Technology Management*, Vol. 46, No. 3/4, February 2012 pp. 201–234.

Carayannis E G and Goletsis Y and Grigoroudis E, "Composite Innovation Metrics: MCDA and the Quadruple Innovation Helix Framework" *Technological Forecasting and Social Change*, Vol. 131 (C), March 2012 pp. 4–17.

Cook P and Gomez U M and Etxebarria G, "Regional Innovation Systems: Institutional and Organisational Dimensions" *Research Policy*, Vol. 26, No. 4–5, December 1997 pp. 475–491.

Cook P and Uranga M and Extebattia G, "Regional Systems of Innovation: an Evolutionary Perspective" *Environment and Planning*, 1998,

Vol. 30, No. 9, September 1998 pp. 1563-1584.

Cook W D and Tone K Z J, "Data Envelopment Analysis: Prior to Choosing a Model" *Omega*, Vol. 44, No. 4, April 2014 pp. 1-4.

Cooke P, "Regional Innovation System: Competitive Regulation in the New Europe" *Geoforum*, Vol. 23, No. 3, March 1992 pp. 365-382.

Curi C and Daraioo C and Llerena P, "University Technology Transfer: How (in) efficient are French Univerdities" *Dis Tdchnical Reports*, Vol. 36, No. 3, March 2012 pp. 629-655.

Davis J P, "Group Dynamics of Inter Organizational Relationships: Collaborating with Multiple Partners in Innovation Ecosystems" *Social Science Electronic Publishing*, Vol. 61, No. 4, April 2009 pp. 621-661.

Dess G G and Picken J C, "Changing roles: Leadership in the 21st Century" *Organizational Dynamics*, Vol. 28, No. 3, Winter 2000 pp. 18-34.

Diaz F D, "On the Limits of Post—Industrial Society: Structural Change and Service Sector Employment in Spain" *International Review of Applied Economics*, Vol. 12, No. 13, July 2010 pp. 111-123.

Doloreux D, "What We Should Know about Regional Systems of Innovation" *Technology in Society*, Vol. 24, No. 3, March 2002 pp. 243-263.

Elias G C and Thorsten D Barth and David F J. Campbell, "The Quintuple Helix Innovation Model: Global Warming as a Challenge and Driver for Innovation" *Journal of Innovation and Entrepreneurship*, August 2012 pp. 1-12.

Emily B and Michael D W and Gareth H D, "Recipes for Success: Conditions for Knowledge Transfer Across Open Innovation Ecosystems" *International Journal of Information Management*, No. 49, July 2012 pp. 377-387.

Estnitrin J, *Closing the Innovation Gap: Reigniting the Spark of Cre-*

ativity in a Global Economy New York: McGrawHill, 2009.

Etzkowitz H and Klofsten M, "The Innovating Region: Toward a Theory of Knowledge-based Regional Development" *R&D Management*, Vol. 35, No. 3, July 2005 pp. 243-255.

Etzkowitz H and Leydesdorff L, "The Dynamics of Innovation: from National Systems and "Mode 2" to a Triple Helix of University-industry-government Relations" *Research Policy*, Vol. 29, No. 2, February 2000 pp. 109-123.

Etzkowitz H and Leydesdorff L, "The Triple Helix University-industry-government Relations: A Laboratory for Knowledge Based Economic Development" *EASST Review*, Vol. 14, No. 1, January 1995 pp. 14-19.

Etzkowitz H, "Technology Transfer: The Second Academic Revolution" *Technology Access Report*, No. 6, July 1993 pp. 7-9.

Farrel M J, "Estimating Efficient Production Functions under Increasing Returns to Scaley" *Journal of Royal Statistical Society*, Vol. 125, No. 2, February 1962 pp. 525-567.

Farrel M J, "The Measurement of Productive Efficiency" *Journal of Royal Statistical Society*, Vol. 120, No. 3, March 1957 pp. 253-290.

Fernando A and José D, "Ecommerce Business Models in the Context of Web 3.0 Paradigm" *International Journal of Advanced Information Technology*, Vol. 3, No. 6, July 2013 pp. 1-12.

Fischer M M, "Innovation, Knowledge Creation and System of Innovation" *Analysis of Regional Science*, 2001 (35): 199-216. Vol. 16, No. 1, January 2012 pp. 39-58.

Färe R and Grosskopf S and Lovell C A K, *Production Frontier*, Cambridge: Cambridge University Press, 1994.

Gensemer S and Kanagaretnam K, "Alliances and Cost Declaration" *Managerial and Decision Economics*, Vol. 25, No. 3, March 2004 pp. 121-136.

Glass A J and Kengegalieva K, "A Spatial Productivity Index in the Presence of Efficiency Spillovers: Evidence for US Banks: 1992-2015" *European Journal of Operational Research*, Vol. 273, No. 3, March 2019 pp. 1165-1179.

Griliches Z, *R&D, Education, and Productivity*, Cambridge, Massachusetts: Harvard University Press, 2000.

Gylfason T and G Zoega, "Nztural Resources and Economic Growth: The Role of Investment" *World Economy*, Vol. 29, No. 8, August 2010 pp. 1091-1115.

Hasan I and Tucci C L, "The Innovation-economic Growth Nexus: Global Evidence" *Research Policy*, Vol. 39, No. 10, October 2010 pp. 1264-1276.

Hashmi A R, "Competition and Innovation: The Inverted-U Relationship Revisited" *Review of Economics and Statistics*, Vol. 9, No. 5, May 2013 pp. 1653-1668.

Hsieh C and Klenow P, "Misallocation and Manufacturing TFP in China and India" *Quarterly Journal of Economics*, Vol. 124, No. 4, April 2009 pp. 1403-1448.

Iansiti M and Levien R, "Strategy as Ecology" *Harvard Business Review*, Vol. 82, No. 3, March 2004 pp. 68-78.

Ivanova I, "The Synergy and Cycle Values in Regional Innovation Systems: The Case of Norway" *Форсайт*, Vol. 13, No. 1, January 2019 pp. 48-61.

Jablonka E, *Lamarckian Inheritance System in Biology: A Source of Metaphors and Models in Technological Evolution*, Cambridge University Press, 2000.

Jiang D, "Embrace innovation 3.0" *Harvard Business Review*, January 5, 2013.

Kaplan S N and Stromberg P, "Venture Capitalists as Principals: Contracting, Screening, and Monitoring" *American Economic Review*, Vol. 91, No. 2, February 2001 pp. 426-430.

Keller W, "International Rrade, Foreign Direct Investment, and Technology Spillovers" *Handbook of the Economics of Innovation*, Vol. 8, No. 1, June 2010 pp. 793-829.

Kim Y, "The Ivory Tower Approach to Entrepreneurial Linkage: Productivity Changes in University Technology Trandfer" *Journal of Technology Transfer*, Vol. 38, March 2012 pp. 180-197.

Kortumss, "Trade in Ideas: Patenting and Productivity in the OECD" *Papers*, Vol. 40, No. 3/4, November 1995 pp. 251-278.

Kruger J, "Productivity and Structural Change: A Review of the Literature" *Journal of Economic Surveys*, Vol. 22, No. 2, February 2008 pp. 330-363.

L Erling and Y Fei and Xi Jiaxin, "Evolution Characteristics of Government-industry-university-research Cooperative Innovation Network for China's Agriculture and Influencing Factors: Illustrated According to Agricultural Patent Case" *Chinese Geographical Science*, Vol. 28, No. 1, January 2018 pp. 137-152.

Lee K and Lim C, "Technological Regimes, Catching-up and Leapfrogging: Findings from the Korean Industries" *Research Policy*, Vol. 30, No. 3, March 2001 pp. 459-483.

Lei M and Zheng L and Xiaojing H and Tao L, "The Impact of Local Government Policy on Innovation Ecosystem in knowledge Resource Scarce Region: Case Study of Changzhou, China" *Science, Technology & Society*, Vol. 24, No. 1, January 2019 pp. 29-52.

Leonardo A V G and A L Figueiredo F and Mario S S and Rodrigo K I, "Unpacking the innovation ecosystem construct: Evolution, gaps and trends" *Technological Forecasting & Social Change*, Vol. 136, November 2018 pp. 30-48.

Levinsohn J and Petrin A, "Estimating Production Functions Using Inputs to Control for Unobservables" *The Review of Economic Studies*, Vol. 70, No. 2, February 2003 pp. 317-341.

Li Z W and William M and Marguerite Gong Hancock, *The Silicon Valley Edge: A Habitat for Innovation and Entrepreneurship*, Beijing: Peopl's Publishing House, 2002.

Lin C and Lin P and Song F, "Property Rights Protection and Corporate R&D: Evidence from China" *Journal of Development Economics*, Vol. 93, No. 1, January 2010 pp. 49-62.

Mansfield, "The Allocation, Characteristics, and Outcome of the Firm's Research and Development Portfolio: A Case Study" *The Journey of Business*, Vol. 39, No. 4, April 1966 pp. 131-142.

Manuel L and Elvira U and Kieron F, "Policies for Science, Technology and Innovation: Translation Rationales into Regional Policies in a Multi-level Setting" *Research Policy*, Vol. 37, No. 5, May 2008 pp. 823-835.

Marques J P C and Cara? a J M G and Diz H, "How can University-industry-government Interactions Change the Innovation Scenario in Portugal? The Case of the University of Coimbra" *Technovation*, Vol. 26, No. 4, April 2006 pp. 534-542.

Massell B F A, "Disaggregated View of Technical Change" *Journal of Political Economy*, Vol. 69, No. 6, June 1961 pp. 547-557.

McAdam M and Miller K and McAdam R, "University Business Models in Disequilibrium -engaging Industry and End Users within University Technology Transfer Processes" *R&D Management*, Vol. 47, No. 3, March 2012 pp. 458-472.

Metcalfe S, "The Economic Foundations of Technology Policy: Equilibrium and Evolutionary Perspectives" in Stoneman P eds. *Handbok of* the Economics of Innovation and Technological Change, Oxford: Blackwell Publishers, 1995.

Moore J F, "Predators and Prey-a New Ecology of Competition" Harvard Business Review, Vol. 71, No. 3, March 1993 pp. 75-86.

Morgan K, "Regional Advantage: Culture and Competition in Silion Valley and Route 128" Research Policy, Vol. 25, No. 3, March 2012 pp. 484-485.

Murphy K M, "The Allocation of Talent: Implications for Growth" Quarterly Journal of Economics, Vol. 106, No. 2, February 1991 pp. 503-530.

Nonaka I, "A Dynamic Theory of Organizational Knowledge Creation" Organization Science, Vol. 5, No. 1, January 1994 pp. 14-37.

Oh D and Philips F and Park S and Lee E, "Innovation Ecosystems: A Critical Examination" Technovation, Vol. 54, No. C, August 2016 pp. 1-6.

Ohmae K, "The Rise of the Region State" Foreign Affairs, Vol. 72, No. 2, Spring 1993 pp. 78-87.

Olaisen J and Revang O, "The Dynamics of Intellectual Property Rights for Trust, Knowledge Sharing and Innovation in Project Teams" International Journal of Information Management, Vol. 37, No. 6, June 2017 pp. 583 - 589.

Olley G S and Pakes A, "The Dynamics of Productivity in The Telecommunications Equipments" Econometrica, Vol. 64, No. 6, June 1996 pp. 1263-1297.

Ott H and Rondé P, "Inside the Regional Innovation System Black Box: Evidence from French Data" Papers in Regional Science, Vol. 98, No. 5, March 2019 pp. 1993-2026.

Paci R and Usai S, "Technological enclaves and Industrial Districts: An Analysis of the Regional Distribution of innovative activity in Europe"

Regional Studies, Vol. 34, No. 2, February 2000 pp. 97-114.

Papyrakis E, "Resource Windfalls, Innovation, and Growth" *Journal of Policy Reform*, Vol. 14, No. 4, April 2011 pp. 301-312.

PCAST, *Sustaining the Nation's Innovation Ecosystem: Information Technology Manufacturing and Competitiveness*, 2004.

PCAST, "Sustaining the Nation's Innovation Ecosystem: Maintaining the Strength of Our Science & Engineering Capabilities". https://www.whitehouse.gov/sites/default/files/microsites/ostp/pcast-04-sci-eng-capabilities.pdf. 2004-7.

Romer P M, "Endogenous Technological Change" *Journal of Political Economy*, Vol. 98 No. 5, March 1990 pp. 71-102.

Sepehr G and Alfred S and Mojtaba F F, "Renewing a Dysfunctional Innovation Ecosystem: The Case of the Lalejin Ceramics and Pottery" *Technovation*, Vol. 96-97, August-September 2020 pp. 1-12.

Singer M and Marx L, *Does Technology Drive History*, MIT Press, Cambridge, 1994.

Solow R M, "Technical Change and The Aggregate Production Function" *Review of Economics and Statistics*, Vol. 39, No. 3, March 1957 pp. 312-320.

Tamayo O U and Vicente M M A and Villarreal L O, "Eco-innovation Strategic Model: A Multiple Case Study from a Highly Eco-innovative European Region" *Journal of cleaner production*, Vol. 142, No. 4, April 2017 pp. 1347-1367.

Teece D J, "Explicating Dynamic Capabilities: the Nature and Microfoundations of (Sustainable) Enterprise Performance" *Strategic Management Journal*, Vol. 28, No. 13, December 2007 pp. 1319-1350.

Tientao A and Legros D and Pichery M C, "Technology Spillover and TFP Growth: A Spatial Dubin Model" *International Economics*, 2016, 145: 21-31. Vol. 145, May 2016 pp. 21-31.

Valentina D M and Roberto G, "Regional Innocation Systems or Innovative Regions? Evidence from Italy" *Tijdschrift voor Economische en Sociale Geografie*, Vol. 108, No. 2, February 2017 pp. 234-249.

Valkokari K, "Business, Innovation, and Knowledge Ecosystems: How They Differ and How to Survive and Thrive within Them" *Technology Innovation Management Review*, Vol. 8, No. 5, May 2015 pp. 17-24.

World Bank, *Korea as a Knowledge Economy: Evolutionary Process and Lessons Learned Overview*, World Bank Working Paper, 2006.

Yan M R and Chien K M and Hong L Y, "Evaluating the Collaborative Ecosystem for an Innovation-driven Economy: A Systems Analysis and Case Study of Science Parks" *Sustainability*, Vol. 10, No. 3, March 2018 pp. 887-900.

Yi Z and Kaihua C and Xiaolan F, "Scientific Effects of Triple Helix Interactions among Research Institutes, Industries and Universities" *Technovation*, Vol. 86-87, August-September 2019 pp. 33-47.

Zmiyak S S and Ugnich E A and Taranov P M, *Development of a Regional Innovation Ecosystem: the Role of a Pillar University*, Growth Poles of the Global Economy: Emergence, Changes and Future Perspectives. Springer, Cham, 2020 pp. 567-576.